Truth In Fantasy

イスラム幻想世界

怪物・英雄・魔術の物語

桂令夫

新紀元社

はじめに

　この本にはイスラム世界のおそろしい怪物や、りっぱな英雄や、ふしぎな魔法がたくさん出てきます。

「イスラム世界」と言ってわからない人も、「アラジンと魔法のランプ」や「アリババと四十人の盗賊」と聞けば、「あああれか」と思うでしょう。そうした物語を生んだ、中央アジアから北アフリカにかけての土地を、ひとまとめにしてイスラム世界とよぶのです。イスラム教という宗教を信じる人が多いところだからです。

　私たちの住む地球にはいろいろな民話や伝説がありますが、どの話もみんな、土地の人々の暮らしや宗教と根ぶかくつながっています。ですから中央アジアから北アフリカにかけての民話や伝説を読むには、イスラム教のことを大まかに知っておくと便利です。それはちょうど、ヨーロッパの民話や伝説を読むときにキリスト教のことを知っておいたほうがいいのと同じようなものです。

　ですから、まずイスラム教とは何かという話をしましょう。

　それはユダヤ教やキリスト教とよく似た一神教です。

　ユダヤ教とキリスト教とイスラム教というのは、どれも元は同じ教えで、「神さまはこの世にたった一人だ。そして世界のおわりには、人間はみな神さまの前に引き出されて、

はじめに

天国ゆきと地獄ゆきに分けられる。生きているうちに神さまの教えを守り、よい行いをしておくと天国にゆける」と説いています。

しかし、違うところもあります。

ユダヤ教には選民思想というものがありました。「私たちユダヤ人は神さまから特に目をかけられた民族だ」というのです。エジプトやバビロニアといった強国のあいだで、長いこといじめられた結果、このような考えが生れたものといわれています。

キリスト教はユダヤ教の中からおこった教えですが、どんな国の人も神の前では平等だと説きます。そして人は生れつき罪深いものだが、神の子であり神本人でもあるイエス・キリストが人々にかわって十字架にかかり、罪を引き受けてくれたのだと。

イスラム教はユダヤ教やキリスト教の影響を受けて、もっとあとにおこった教えです。どんな国の人も神の前で平等だと説くのはキリスト教と同じですが、ただキリストは神ではなく預言者（神から言葉を預けられた人）にすぎないと説きます。そして「神さまは何度も人を預言者にしては正しい教えを広めようとしたのだが、時間がたつと人々は教えを自分につごうのよいようにねじ曲げるようになった。それが今のユダヤ教でありキリスト教だ。神さまもそろそろあきれてきたが、かんにん袋の緒を切る前に、人々に最後の機会を与えた。そうして生れた最後の預言者がムハンマド（マホメット）で、この人の教えにそむいたら今度こそ次はない」と言うのです。

この教えを信じる人たちのことを、イスラム教徒といいます。イスラム教徒は七〜九世紀ごろ、まわりの国々を征服し、中央アジアから北アフリカまでひろがりました。左の地図のうち、濃い灰色の部分がそれです。この本に出てくる話のほとんどは、地図の濃い灰色の部分でおこったことです。

しかし、イスラム教はその後も中央アジア、中央アフリカ、東南アジアなどでひろがりつづけており（薄い灰色の部分）、いまや信者数の増えかたは仏教やキリスト教を上回ります。

そしてイスラム教徒の子供たちは、世界じゅうで、この本に出てくる妖怪グールだの、英雄アリーだの、姿をかえる魔法だのの昔話を聞いて育っています。ですから、そういった不思議なものを知ることは、イスラム世界の人々を知ることにつながります。

この小さな本が、みなさんとイスラム世界の人々がもっともっと仲良くなる役に立てばうれしいと思います。

桂令夫

イスラム世界

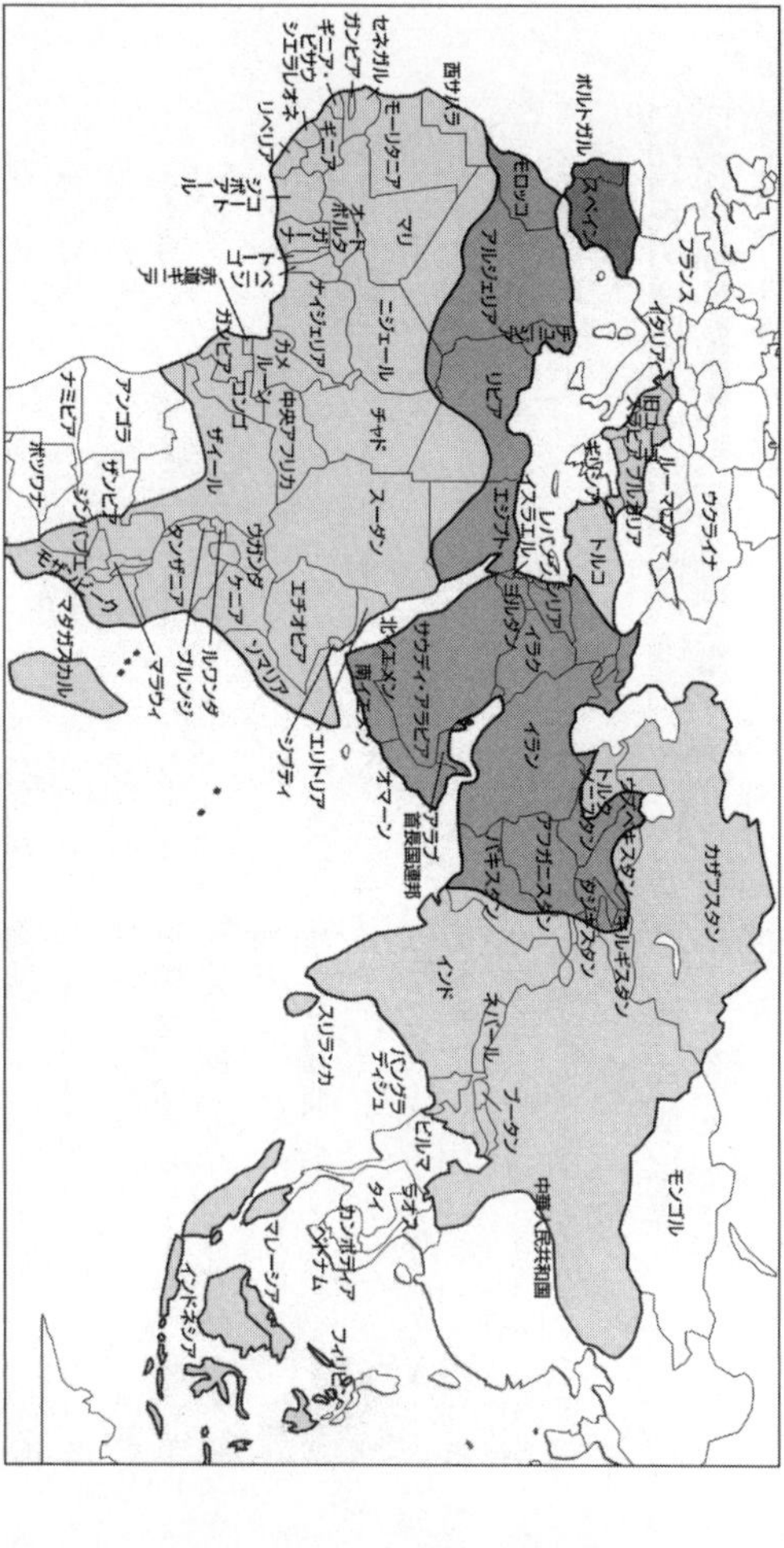
ポルトガル
スペイン
フランス
イタリア
ウクライナ
ルーマニア
ブルガリア
ギリシア
トルコ
レバノン
シリア
イスラエル
ヨルダン
イラク
イラン
エジプト
リビア
アルジェリア
モロッコ
西サハラ
モーリタニア
マリ
セネガル
ガンビア
ギニア・ビサウ
ギニア
シエラレオネ
リベリア
ナイジェリア
ニジェール
チャド
カメルーン
赤道ギニア
ガボン
コンゴ
中央アフリカ
ザイール
スーダン
エチオピア
ウガンダ
ケニア
ソマリア
エリトリア
ルワンダ
ブルンジ
タンザニア
マラウィ
ザンビア
アンゴラ
ナミビア
ボツワナ
マダガスカル
サウディ・アラビア
オマーン
アラブ首長国連邦
カザフスタン
キルギスタン
アフガニスタン
パキスタン
インド
ネパール
ブータン
バングラディシュ
スリランカ
ビルマ
タイ
ラオス
カンボディア
ベトナム
マレーシア
インドネシア
中華人民共和国
モンゴル

目次

昼の世界

イスラム世界の形成

この世の半分は昼でできており、
半分は夜でできている。
昼、武人はもろもろの王国を滅ぼし、
商人は中国の絹や西欧《フランク》の琥珀《こはく》を売り、
農民は胡麻《ごま》やナツメヤシを育てる。
けれど夜になると、誰もが物語に耳をかたむける。
怪異と幻想、ジンとグール、
カリフと詩人、魔術と霊薬の物語に。
では、最初は昼の話をしよう。
人々が昼にした、これらの仕事のことを、
ものの本では歴史というのだ。

アラビアという土地

紀元七世紀になるまで、アラビアという土地が歴史の本に登場することはほとんどなかった。

アラビアの西には、巨大なビザンチン（東ローマ）帝国があった。アラビアの東には、巨大なササン朝ペルシアがあった。そこは野蛮な遊牧民（羊飼い）がいるだけの荒れた沙漠だった。アラビアには何もなかった。ユーラシア大陸の東西を結ぶ通商路「絹の道」もアラビアを通ってはいない。外の世界から見れば、それはただの未開の土地にすぎなかった。

それにしても、なんと荒れはてた土地だろうか。緑は少なく、ところどころに低い木や草があるばかり。赤っぽい岩の原がえんえんと続いている。

水が少ないので、そこらの低木に火をつけると、枯木でもないのに燃えあがる。羊やラクダの糞《ふん》もすぐに乾き、よい焚《た》きつけになる。

この乾いた世界で生きていくために、人々は血のつながりを大切にし、大家族でまとまって暮らしていた。そして彼らの生活を支えるものは羊とラクダだった。

ラクダは乗り物に、羊の肉はタンパク源に。獣の乳は飲み物に、毛は服に、糞は燃料に。二種の獣をすみずみまで有効に利用して暮らしていた。獣に寄生していたといっても過言ではない。ローマやペルシアの大貴族なら、一見してそれを鼻で笑ったろう。

ところがある日、そのローマやペルシアに、アラビアの使者がやってきた。彼らは羊くさく粗野で、塩と樟脳《しょうのう》*一の区別もつかず、宮廷じゅうの笑いものになった。

笑われながら、彼らは言った。

「わしらに服属しろ」

宮廷の笑い声はさらに大きくなった。アラビアの使者は道化のように追い出された。

だが、次にやってきたのはアラビアの軍勢だった。それは自軍に数倍するローマやペルシアの精鋭を打ち破った。もはや、笑うものは誰もいなかった。これがイスラムの大征服である。

だが、そのイスラムというものは、一体どうやって生まれたのだろう？

◎無明時代《ジャーヒリーヤ》

無明時代という言葉がある。英雄時代という言葉もある。二つの言葉は同じ時代を指す。紀元五世紀末から七世紀初頭までの百五十年間。アラビアが目覚めはじめた時代である。

その無明時代のはじめ、アラビアの住民のほとんどは遊牧民だった。彼らはいろいろなことを信じていた。

・太陽や月のほか、石や木や泉など、さまざまなものに神が宿るとされた。谷間の町など、人の集まる所には、こうした神々の像（偶像）をまつる神殿があり、人々の巡礼の対象となった。

・矢占いと称して運勢を占うことがよくなされた。野外で行う略式の方法では、背中の矢筒から矢を一本抜き、その矢を見て吉凶を判断するのだった。そのほか、神殿で司祭が行う正式なものもあり、より信憑性が高いとされた。

・馬に乗っての競争は、人気ある娯楽の一つだった。部族間で競争が行われるときは、血を見ることもよくあった。

・[＊二]自分の部族の男が殺されると、かならず下《げ》手人《しゅにん》の属する部族の者を同数だけ殺すという掟《おきて》があり、これを血の復讐と呼んだ。

・部族間の抗争は日常のことであり、なかには百年近く続いているものもあった。
・戦《いくさ》の場でもっとも大きな働きをするのは部族の詩人であり、詩人が戦にさきがけて投げる呪いは、どんな槍よりも鋭いものとされた。詩人はしばしばマジュヌーン（憑かれたもの、狂人）と呼ばれた。沙漠のジン（妖霊）にとり憑かれて霊感を受けたに違いないというのだ。

変化がおこる

さて、無明時代のなかごろに、一つの変化がおこった。西のビザンチン帝国、東のササン朝ペルシア、二つの大帝国の間で長い戦争が続き「絹の道」がとだえてしまった。商人たちはやむなくアラビア経由で品物を運ぶようになる。いわゆる「海の道」である。少しぐらい不便でも、戦《いくさ》がないほうがいい。

メッカという町があった。紅海の港に近く、通商路の要地となる条件を満たし、さらに豊かな泉がわいていた。古来、多くの神々をまつる大神殿の置かれた土地でもあった（この神殿の名をカアバ神殿といい、のちにイスラムの聖地となる）。自然、町は中継貿易の拠点として栄え、多くの部族の人間が集まるようになった。

そして、メッカの町では、古い遊牧の社会の決まりや習わしは、だんだん働かなくなっていった。同じ町に住む人間に、いちいち血の復讐をしていては、商売も何もあったもの

■ 絹の道と海の道

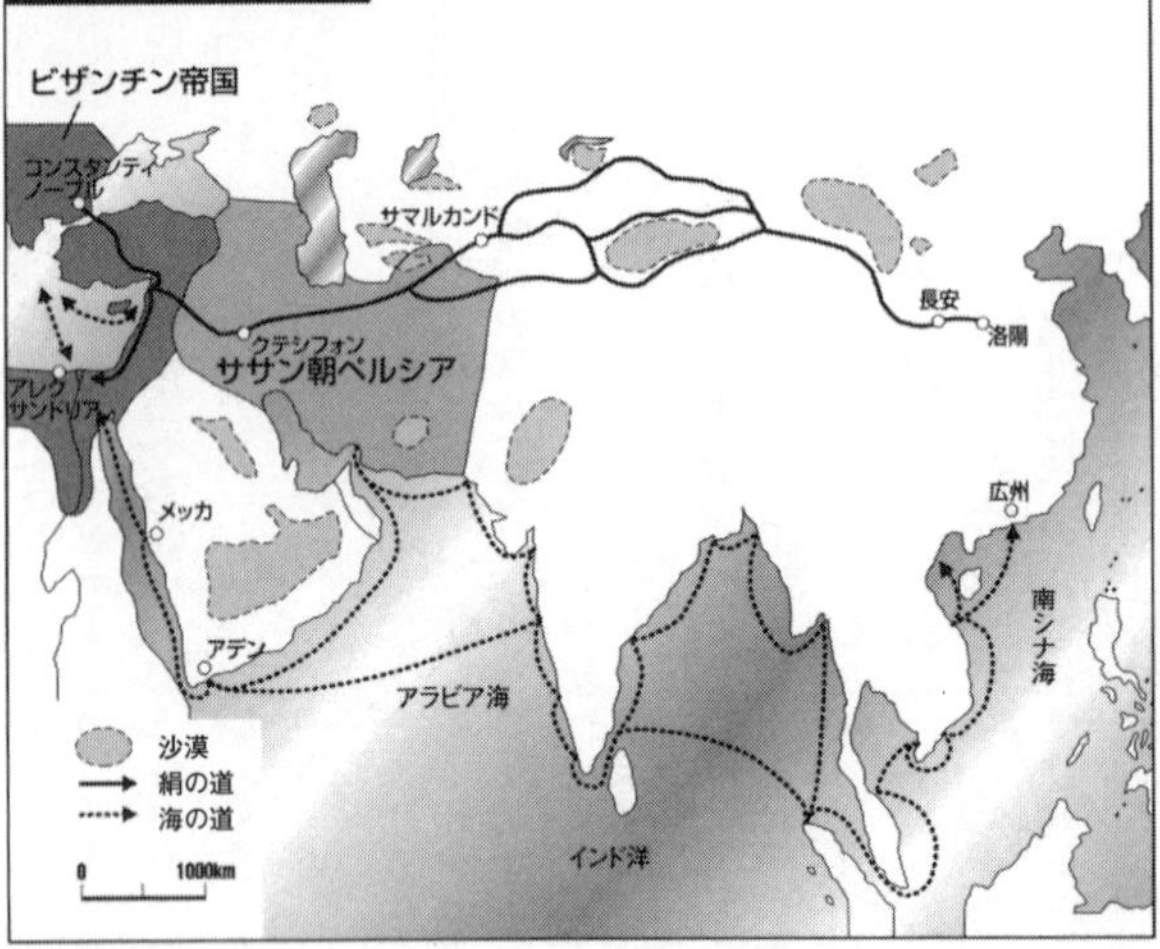

ではない。

　そんななか、商人の世界にふさわしい新しい教えを説く者がいた。名をムハンマド（マホメット）という。

その男、ムハンマド

　ムハンマドは孤児だった。メッカ一の勢力を誇るクライシュ族の、よい家柄に生まれながら、早くに孤児となり、いろいろな苦しみをなめた。成人後は無口でつきあいが悪かったが、万事にねばり強く取り組み、人々に信用された。よい妻を得て金もちの商人になったが、どうも心から喜べず、中年以後は一人で山にこもり、考えにふけることが多くなった。

言い伝えによれば、ある夜ムハンマドは、山の洞窟でなにものかに出会ったという。一つの人影が錦織りの袋をたずさえて現れ、そして言う。

「読め」

何を読めというのか。

影は言う。神のお告げを読み、人々に伝えよ。かくいう我は天使ジブリール（七十五ページ参照）であると。

こうして預言者となったムハンマドは、人々に教えを説くようになった。教えの内容はざっとこうだ。

・最後の審判は近い。その日には天変地異がおこり、この世に生きていた人間がすべて墓からよみがえる。唯一の神アッラーがこれを裁き、天国ゆきと地獄ゆきに二分する。
・そのときに救われるのは、金や子供が多い人間ではない。生きているうちに教えを守り、良いことをした人間だ。
・孤児と寡婦《かふ》（夫を亡くした女）を大事にせよ。子殺しをするな。（当時のアラビアでは、女は役に立たないというので、女の子が生まれると間引きすることがあった）
・礼拝と喜捨《きしゃ》（貧しい人にほどこしをすること）と断食をせよ。

・血の復讐をするな。
・酒を飲むな、乱暴になる。
・占いをするな、当たらない。
・偶像を崇拝するな、ただの像だから。

それはユダヤ教やキリスト教によく似た教えだった。事実ムハンマドはユダヤ教徒やキリスト教徒とつきあいがあり、彼らの語る物語を自分の教えのなかに取り入れていた。ムハンマドの説くところでは、ユダヤ教のモーゼやキリスト教のイエスも、かつて彼と同じ教えを説いた預言者だった。ただ、人々は長年のうちに彼らの教えをゆがめ、モーゼの教えを選民思想にしてしまい、イエスを神だということにしてしまい、そしてどちらの場合にも僧侶を特権階級にしてしまっただけなのだという。

教団

若者を中心に、人々がムハンマドのまわりに集まりだした。はじめは貧乏人や奴隷の子が。そしてやがては金持ちの子も。しかもムハンマドは、仲間の団結を固める手を次々と打った。

たとえば礼拝。人々は一日五回、同じ時刻にいっせいにお祈りをする。しかも週に一度

はモスク（礼拝所）で、一つところに集まってお祈りをする。祈りのあとは一週間ぶりに顔をあわせたどうし、世間話に興じることになる。

たとえば毎年一か月間の断食。もちろん一か月間何も食わずにいれば人間は死ぬから、「健康な大人はこの一か月間、昼間はものを口にしてはいけない」というだけのものだ。日の出前に食事をつめ込み、夕方にまたつめ込む。それでも断食はつらい。アラビアの暦は太陰暦（月が一回満ち欠けする間を一か月とする暦）だから、月と季節はしだいにずれていく。夏の昼間に水が飲めないことにもなるのだ。こうした苦労を共にすることで、強い仲間意識が生まれていく。

だが、メッカの有力者たちはこれを喜ばなかった。自分の息子が新興宗教に入り、家のみんなとちがう暮しをするのだから、どうして、ほうっておけるだろう。

彼らははじめ、ムハンマドたちがカアバ神殿で祈りをささげ集会を開くのをじゃまし、神殿から締め出そうとした。できなかったので、つぎは殺そうとする。

だが、ムハンマドも殺されるのを待ってはいなかった。彼はメッカにいては危険と悟り、仲間を連れて北方のメディナという町へ逃亡する。これを聖遷《ヒジュラ》（二十一ページ参照）という。

何のもくろみもなくメディナへ逃げたわけではない。あらかじめ弟子を派遣し、メディナの様子を探っておいたのである。当時メディナでは二つの有力部族が対立し、内戦を続けていた。このままではいけないと両方が思っていたが、「血の復讐」の掟がある限りやめられない。ここはよそものに裁定をしてもらって和解しようということになっていたのだ。「血の復讐をやめよ」と説くムハンマドは、ぴったりの仲裁人として歓迎された。

だがムハンマドは、いつまでもメディナにいるつもりはなかった。勝利者として故郷メッカに戻るつもりだった。そのため彼は、メッカの隊商襲撃を決意する。通商都市の通商を干あがらせ、「おれたちを締め出しているかぎり、メッカの通商は成り立たんぞ」と思い知らせてやろうというのだ（当時、山賊は正々堂々たるスポーツの一種であると考えられていた）。

男たち

ムハンマドの教団は、ムハンマド一人に支えられているのではない。三人の傑物がいた。

アブー・バクル

ムハンマドの親友で老いた商人。体は貧弱で声も小さく涙もろいが、めんどう見がよく、人望があった。[*三]「あるいはムハンマドその人より、彼の影響で教団に加わった信徒のほうが多かったかもしれない」という。

ウマル

大男で、石のような拳をもち、ひねくれ者だった。仲間の若者たちがムハンマドのところに行くのを見てムハンマドが嫌いになり、事あるごとにいやがらせをしていた。

だが部族のお偉方がイスラムを弾圧し、イスラム教徒がカアバ神殿で祈りたくてもできずにいるのを見て、むらむらと腹が立ち、あべこべにイスラムに帰依した。彼の剛力のおかげで、イスラム教徒はやっとカアバで礼拝できるようになった。

アリー

ムハンマドの年下のいとこであり、養子でもある。常にムハンマドの緑の戦旗を持つ旗手として彼につき従った。腕が立ち、難しいことを考えず、勇猛無比であった。「脊髄を断つもの」という名剣をふるい、あらゆる敵を切りふせた。

ムハンマドが教団の心臓だとすれば、アブー・バクルは良心、ウマルは意志、アリーは剣であった。それは「ムハンマドの教団」ではなく「ムハンマドたちの教団」といえた。

凱旋

この恐るべき男たちが、メッカの隊商を略奪した。メッカ側もメディナへ軍勢を送り込んだが、これもムハンマド軍に蹴散らされた。その間もムハンマドは政略結婚などによって勢力を拡大、やがてメッカの城壁に迫るにいたった。

一万の兵を率いてメッカに忍び寄ったムハンマドは、夜、すべての兵士に松明をかかげさせた。一万の松明を見て、メッカの人々は戦意を喪失。ムハンマドはついに勝利者としてメッカに入場する。彼はアリーを連れて神殿に入り、そして叫んだ。

「神像を打ち倒せ！」

アリーは無数の神像を打ち倒した。地響きのなかで、ムハンマドは叫んだ。

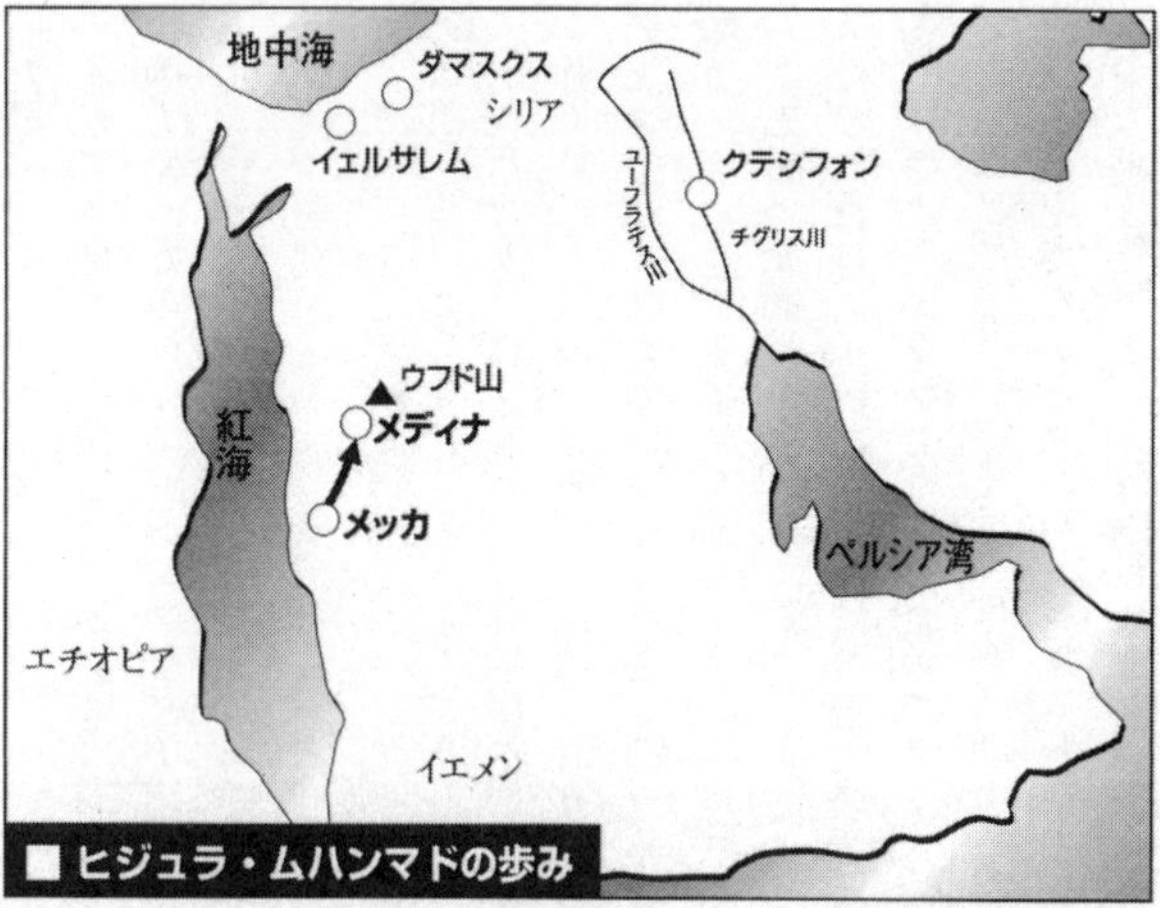

■ヒジュラ・ムハンマドの歩み

「真理はきた。
そして虚偽は去った。
まことに虚偽は滅び去ったのだ！」

カリフたち

ムハンマドの死後も、彼の後継者たちは教団の勢力を拡大しつづけた。この後継者をカリフといい、有力者の話しあいで選ばれた。

アブー・バクル

初代カリフはアブー・バクル。穏健な人格者だったが、やったことは必ずしも穏健ではなかった。

ムハンマドの死の報を聞くや、まわりの町々は同盟を破棄。イスラムの勢力圏はメッカとメディナだけという状況になった。

そして各地に「偽預言者」が立つ。おれもムハンマドと同じ預言者だというのだ。ことに強力だったのはイエメン（アラビア南部）のムサイリマだった。アブー・バクルはこれらの「偽預言者」たちを遠慮会釈なくしらみつぶしに叩き、ついにアラビア半島を統一した。

ウマル

二代目カリフはウマル。対外拡張をすすめ、諸国を征服した。

強い意志と質素な暮らし、歯に衣着せぬものいいで知られる。カアバ神殿の黒石（巡礼のとき、イスラム教徒がなでて通る聖なる石）を見て「ムハンマドさまがおまえに接吻しなかったなら、わしも接吻はしないだろう。おまえはただの石にすぎぬと知っているから」と言った話は有名。

彼の治世に、イスラム教徒は歴史上の奇跡をなしとげた。わずか十年でシリア、エジプト、イラク、イランを征服したのである。

[*四]「ひとりびとりが生よりも死を、屈辱よりも栄光をねがい、地べたへじかでないと坐らず、膝の上でないと食わぬ。将軍も兵卒とかわらず、下級と上級、主人と奴隷と少しの差別もない……」というイスラム軍には誰もかなわなかったという。

ウスマーン

三代目カリフはウスマーン。ウマイヤ家という名家の当主であった。

ムハンマドの言葉をまとめ、コーランという一冊の本にした。

晩年は判断を狂わし、自分の家の者ばかりを要職につけた。そのため各地から暴徒がおしかけてきて、ウスマーンはメディナの自宅から一歩も出られなくなる。やがて暴徒はついに屋敷に乱入、ウスマーンを斬り殺した。

アリー

四代目カリフはアリー。これまでのカリフは先代の遺言や、有力者の話しあいで決まっていた。だが彼は、ウスマーンを斬り殺した暴徒によってカリフにまつりあげられてしまう。

もともとアリーは政治向きの難しい話が嫌いで、政争を避けてメディナを離れていたのだが、それが裏目に出たわけである。

こうして彼は反ウマイヤ勢力の代表として、ウマイヤ家と戦わねばならなくなった。

ウマイヤ朝

ウマイヤ家の代表はムアーウィアという男。シリアの総督で、この地を治めること二十年に及び、帝王と呼ばれていた。彼は単純なアリーをシリアでの決戦に引き出す。自分の本拠地で、二倍の兵力で迎え撃つのである。

ところがアリーは強かった。

ムアーウィア軍は総崩れになるが、そこでムアーウィアは一計を案じた。長いさおの先にコーランを結びつけ、「主の聖法に裁かしめよ」と叫んで和睦を求めるのだ。

当然、アリーの側近たちは追撃を進言した。しかし、アリーは聞き入れず、コーランに背くわけにはいかないといって和睦を受け入れる。

側近たちは怒り、ある者はアリーを捨てて去った。彼らはハーリジ（分離）派と呼ばれ、諸国の洞窟にひそんで、ムアーウィアやアリーに暗殺者を送った。可愛さあまって憎さ百倍というわけである。

そして暗殺に倒れたのは、用心深いムアーウィアではなく、アリーのほうだった。アリーの死後、ムアーウィアはカリフとなり「以後はわが家の者がカリフ位を継ぐ」と宣言する。

否という勇気のある者はいない。こうしてできたのがイスラム世界最初の王朝、ウマイヤ朝である。もっぱらアラブ人が権力を独占した。

しかし、男らしく単純なアリーを真のカリフと思う人々は多く、今もシーア派と呼ばれて根強い勢力をもっている。

アッバース朝

ウマイヤ朝がしだいに衰えると、代わって二つの考えが力をもちはじめる。

・イスラム教徒は平等だ。アラビア人もペルシア人もエジプト人も変わりはない。

・ムハンマドの一族が政治をとるべきだ。

これにより、ムハンマドの叔父の子孫アッバース家の者が力を得、シーア派の協力によってアッバース朝が誕生する。

この王朝の土台を築いたのは、二代目のアル・マンスールという男だった。たいへんなしまりやでけちんぼ、むだな金は一文も出さなかったという。ウマイヤ朝末期には各地でシーア派の反乱があったが、マンスールはそれを利用してウマイヤ朝を倒し、その後シーア派の首領たちを殺していった。

「平安の都」バグダードをつくらせたのも彼である。

◎平安の都バグダード

あるときアル・マンスールは、チグリス河沿いの小さな村、バグダードを新王朝の都と定めた。十万の職人を五年間働かせ、三重の城壁に囲まれた円い都市を築かせる。

マンスールの目に狂いはなかった。バグダードは肥沃なイラクの中心にあり、東西交通の路上にあり、チグリス河によって海ともつながっていたのだから。

マンスールの孫、ハールーン・アル・ラシードの治世に、バグダードは百五十万の人口を抱え、世界で一、二を争う大都市として繁栄をほしいままにした。

[*五]『千一夜物語《アラビアン・ナイト》』を読まない人がいるだろうか？　カリフの宮殿のことをきかない人がいるだろうか？

そこでは、うつくしいもようがある柱もアーチも、沙漠のしんきろうのように、かる

い。そこでは、芸術家の手が石からそのずっしりした重さをとりのぞいた。そこでは、噴水の水がまっ白な水盤におちているが、ちょっとみただけでは、水が動かずにとまっているのか、大理石が流れているのか、みわけがつかないくらいだ。どのかべも、どの天井も、まるで石膏のじゅうたんのようで、それにマホメット教の聖典コーランの金言が奇妙なもようとなって織りこまれている。……

この宮殿は人間のすまいのうちで、いちばんすばらしいものだ、という」

その時代のことは、この本に何度も出てくるだろう。

もちろん、それからあとも歴史は続いた。たくさんの戦争があり、少しの平和があった。耳なれない名前の種族が現れては消えた。バグダードはモンゴル人に焼かれ、アメリカ人に焼かれた。

けれど、それらの興亡を追うのはひとまずやめよう。昼の熱さは終わり、モスクの塔から呼ぶ声は夕の礼拝を告げ、物語の夜がはじまろうとしているから。

用語解説

本書にしばしば出てくる用語のうち、解説が必要なものを以下にあげる。

アザーン

イスラム教徒は一日に五回、決まった時間に礼拝をする。この礼拝をしろと呼びかける声がアザーンであり、時計代わりにもなる。なお、高いところに昇ってこの呼びかけをする人をムアッジンという。

アッバース朝

ウマイヤ朝の次におこった王朝。アラビアン・ナイトの多くはこの王朝の全盛期を舞台にしている。

アッラー

イスラム教の唯一神。

イマーム

スンニ派ではカリフと同じ意味。シーア派では、アリーの血をひくシーア派の最高指導者。本書ではシーア派のほうの意味で使う。

ウマイヤ朝

イスラム世界で最初におこった王朝。ムアーウィアを祖とする。

カアバ

メッカの大神殿。イスラム以前には無数の神像がまつられていた。今は黒石だけが残り、イスラム教の巡礼地となっている。

カリフ

全イスラム教徒の指導者。正しくはハリーファと発音し「後継者」という意味。ムハンマドの後継者ということである。はじめは合議制で選ばれたが、のちに世襲制になる。アッバース朝カリフはのちに実権を失い、有力スルタンの食客になりさがった。

コーラン

ムハンマドが神から受けた託宣を、のちに弟子たちがまとめ、本にしたもの。正しくはクルアーンと発音する。

最後の審判

イスラム教の教義の核心。やがてくる「最後の審判」の日には、天変地異がおこり、人類史がはじまってから今までの人間がみな墓からよみがえる。アッラーがこれを裁き、天国ゆきと地獄ゆきに二分する。生きているうちに教えを守り、良いことをしておくと天国にゆける。

シーア派

イスラム教で二番目に数が多い一派。四大カリフ（最初の四人のカリフ。アブー・バクル、ウマル、ウスマーン、アリー）のうち、アリーだけが正当なカリフだと主張する。シーアとは元来「派」という意味で、もとはシーア・アリー（アリー派）といった。イランなどではこの派が主流。

邪視

イスラム世界でひろく信じられている迷信。ねたみや怒りのこもった視線は、実際に人に害をおよぼすとされる。これによって多くの人が命をおとすという。詳しくは二百八十五ページ参照。

ジン
イスラム世界でひろく信じられている妖怪。人の目に見えず、空を飛び、さまざまないたずらをするという。詳しくは三十九ページ参照。
スルタン
各地方の王。カリフからスルタンに任命される場合もあり、勝手に名乗る場合もあった。
スンニ派
イスラム教の主流派。
ヒジュラ
六二二年、ムハンマドたちがメッカからメディナに逃亡したこと。イスラム暦はこの年を紀元とする。
ムスリム
イスラム教徒のこと。

モスク

イスラム教徒が集まっていっしょに祈りをささげる場所。ことに週に一度、金曜の夕方には大勢が祈る。人が集まるので、まわりには市が立ち、モスクのなかは男たちの情報交換の場になる。

預言者

神の言葉を人々に伝えるよう、特別に選ばれた人間。ムーサー（モーゼ）やイーサー（イエス）も預言者だという。また、ムハンマドは最後にして最大の預言者とされる。

＊一　樟脳は衣服などの虫よけに使う薬。当時の樟脳は今のものより精製の度合いが低く黒みがかっていて、岩塩によく似ていた。
＊二　血縁関係でつながっており、同族意識をもっている人間の集団。
＊三　『マホメットとアラブ』後藤明著、朝日文庫。
＊四　『世界の歴史8　イスラム世界』前嶋信次著、河出文庫。
＊五　『人間の歴史』イリーン&セガール著、岩波少年文庫。

イスラム教徒の名前

イスラム世界の名前は長いものが多く、日本人にはわずらわしい。だが、いくつかの単語を覚えれば、ぐっとわかりやすくなる。

「イブン・〜」誰々の息子。たとえばイブン・ハルドゥーンはハルドゥーンの息子。

「アブー・〜」誰々の父。たとえばアブー・バクルはバクルの父。

「アブドル・〜」何々の信者。アブドッラーはアッラーの信者、アブドルラフマーンは慈悲の神《ラフマーン》アッラーの信者。

「ハッジ」これは名前ではなく「メッカ巡礼をすませた者」という意味の敬称。イスラム世界では、石を投げればハッジに当たるといわれる。

イスラム世界では血縁と信仰が重んじられていることが、人々の名前からもわかる。

夜の世界

怪異と幻想

この世の半分は昼でできており、
半分は夜でできている。
昼に武人は戦い、商人は商い、農民は耕す。
けれど夜になると、誰もが物語に耳をかたむける。
昼の話は終わったから、それでは夜の話をしよう。
人が昼、歴史の中でしたことは、氷山の一角にすぎない。
彼はそれよりもっともっと多くのことを、夜の物語の中でするのだ。
だから夜の物語をしよう。
怪異と幻想、ジンとグール、
カリフと詩人、魔術と霊薬の物語を。

第一夜

怪物の世界

夜の物語の中には、多くの怪物が住みついている。
雲つくような魔神イフリート。
自在に色を変える人食い鬼グール。
子供も大人もそれらの物語を聞いて、
あるいは恐れ、あるいは楽しむ。
昼になっても、
怪物たちはふだんの言葉の中に当たり前のように出てくる。
「イフリートすら喉の渇きに駆られるような」荒野、
「グールが色を変えるように移り気な」美女。
それだけ、人は怪物たちの物語に馴れ親しんでいるのだ。
だから今夜は、怪物の話をしよう。

妖霊《ジン》

イスラム世界でひろく信じられている精霊である。空を飛び、人の目に見えず、いろいろないたずらをする。人に自分の姿を見せたいときは、煙や雲のような気体からやがて固体となって顕現《けんげん》し、好んで狛犬《こまいぬ》のような顔をした猫背の鬼、人間の美青年または美女、蛇その他の獣といった姿をとる。

善良なものもいるが、また性悪なものもおり、性悪なジンは好んで骨や死肉を食らう。まあ全体としては「いたずら好きで意地がわるい」程度が正しい評価だろうか。

ジンは人間よりもずっと古い種族で、アーダム（アダム）が土からつくられる二千年以上も前に、「煙なき炎」からつくられたという。このため彼らは蒸気や火炎でできた体をもち、血管には血の代わりに炎が流れており、重傷を負えば燃えつきて一山の灰となってしまう。人が土からつくられ土に帰るように、ジンは火からつくられ火に帰るのである。

その歴史

はるか古代のアラビアでは、ジンは神に準ずるものとして崇められた。ギリシア人が森に住むニンフ[*1]やサチュロスを尊敬していたように、アラブ人は沙漠のジンを尊敬していた。ジンは土地の霊であり、沙漠のどんな土地にもそれぞれのジンがいるものとされた。

これがムハンマドの時代になると、ジンは特定の土地と結びついた精霊ではなく、いつでもどこにでも現れるものとして扱われるようになった。彼らは空中を駆け、人の眼に見えず、とらえがたい小さな神々だった。メッカの人々はジンに供物をささげ、その助けを求めていた。

そしてイスラム教はジンの存在を受け入れた。ムハンマドはグール（食屍鬼）の存在を否定したというが（六十七ページ参照）、ジンを否定したことは一度もない。

コーランには「ジン」という表題をもつ一章がある。そこではジンの一群が、ムハンマドの読むコーランを聞いてイスラム教徒となり、そしておおよそ次のように語る。

「こうしてわしらは信者となった。しかしジンのなかにも頑固なやつらがいて、そいつらは『ムハンマドの教えはデタラメだ。最後の審判など嘘っぱちだ』と考えた。そこでわしらは、ムハンマドの説くのが本当か嘘か、空に昇って実地に見てみることにした。天使たちが行う天上の御前会議を盗み聞きしてみよう。もし最後の審判の話をしていたら、ムハンマドの話は本当だ。

ところがなんと、天は恐ろしい天使とぎらぎら光る星でいっぱいだった（天使たちはこの星を矢弾に使って侵入者を撃ち落とすのだ。これがすなわち流星である）。そこでわしらは引き返した。主のみこころは結局わからなかった。

だからわしらジンのなかにも、ムハンマドの言葉を聞いてイスラム教徒になったものもいれば、異教徒のまま、あくまで正道から逸れてゆくものもいるのだ」

というわけで「人間と同様ジンにもイスラム教徒と異教徒がいる。預言者ムハンマドは人間とジンに等しく遣わされた者であり、ジンは救済にあずかる事ができる。あるものは天国にゆき、あるものは地獄に落ちる。地獄の火はジンをも焼く恐るべきものであるらしい」ということになった。

コーランに出てくる以上、ジンの存在は疑い得ないものとされた。どれほど合理主義で鳴らした学者も、ジンの存在に異を唱えはしなかった。ただ一人、十一世紀の哲人イブ*二ン・スィーナーのみジンの存在を否定し「この言葉の背後にはなんの実体もない」と言い切った。

むろん彼の言葉は一般には無視された。あらゆる民話、説話、逸話集のなかには、偉大な力をもつジンが跳梁《ちょうりょう》した。

その力とは……。

その力

ジンは腕力、魔力ともに人間よりも優れ、重労働をものともしない。壁に穴を開けて家のなかに入ってきたり、天井から床まで突き抜けたりするのは児戯に等しい。ジンに出会うのは嵐に行きあうに等しく、大地すらジンに踏まれると揺れ動く。ジンは一夜のうちに人をたいへんな遠方まで運んだり、道に迷わせたり、とり憑いてうわごとを喋らせたり、あげくのはてに猿や犬に変えてしまったりする。

さらに金属細工の名手でもある。ジンの細工を見た宝石細工師は言う。「このようなものをつくれる宝石細工師は、ただの一人としておりませぬ。これは人間の細工ではございません」と。

また、人が獣を飼うように、ジンは魔法の獣を飼う。ジンの馬は夜の森のなかをすさまじい速度で駆け、乗る者をこの世と地続きの不思議の国に連れてゆく。人の世の馬もまた、仔馬のころからジンに育てられたなら、稲妻よりも速く駆けるようになる。

最後に、ジンはあらゆる姿をとる。兎、ロバ、ラクダ、犬、猫、蛙、亀、蛇など。明けがたのバザール（市場）には、ジンの化けたこの手合いが好んで集まる。だから市場でロバを蹴とばしたり、犬をいじめたりしてはいけない。どんなに恐ろしい報復が待っているか知れたものではない。

トルコの民話によると、なかでもジンの好む姿は、一本の白い毛もない黒猫、黒犬、仔山羊、雄山羊、家鴨《あひる》、ひよこを連れた雌鶏《めんどり》、野牛、狐、それにもちろん人間。その人の姿にも色々あって、小人のことも、人間大のときも、雲つくような巨人のこともある。巨人の姿はおおむねまっ白でうっすらと透き通り、光塔《ミナレット》（モスクの塔）ほどに丈高いという。また、おくるみにくるまれた赤んぼうの姿をとることもある。

ジンの変身のなかには、生きものですらない姿もある。

荒野を走る砂の竜巻は性悪なジンの奔走である。これに出会ったならば「鉄よ鉄よ」と叫ぶか「アッラーは偉大なり（アッラーフ・アクバル）」と叫ぶのがいい。

そして、ジンはいたるところに現れる。流星は天国の門にしのびよるジンを追い払うため天使の放つ矢である。暗い道でつまずいたらジンに突きあたったためだし、眠りながら歯ぎしりするのはジンに忍び寄られたからである。発作性の病もまた、おおむねジンのせいでおこるという（二百七十九ページ参照）。

その住居

人間界では、ジンの出る場所は三つに大別できる。

水

ジンはため池や井戸を根城に、その近くに出没する。それらの場所は不思議の国と人間世界をつなぐ扉である。

同様、夜の水車小屋や公衆浴場《ハンマーム》にもジンが出る。孤島や海中もジンの住みかである。雨のなかというのもジンの出やすい場所（？）である。「ジンは雨が好きなのだ」ともいうし「ジンは雨が嫌いで、雨が降ると術がとけて、姿が現れてしまうのだ。人の目に見えぬジンの宴会も、一雨くると目に見えるようになる」ともいう。

また古来、鏡は水に通じる。それは水と同じようにものを映す。長年、女たちは自分の姿を見るためや、また占いのために、水と鏡を併用してきた。そのためかどうか知らないが、鏡のなかにもジンが出る。真夜中に一人で鏡を見ていると、ジンに魅入られることがあるという。

火

たき火やかまどのなかにもよくジンが出る。だから、かまどに頭をあまり近づけて眠る

のはあぶない。

境

　物と物との境目にもジンが潜む。家の屋根や窓ぎわ、敷居、岸辺、市場、四つ辻。井戸や洞窟は水に縁があるだけでなく、地上と地下の境でもある。

　トルコの民話によれば、ジンはもっぱら夜に動き、暁の祈りとともに人間界を去るという。夜に彼らが活動する場は、廃墟、廃屋、墓地、さびれた宿屋。民家のなかにも、ジンが出る幽霊屋敷だといわれたものがある。ある町ではモスクにすらジンが出た。

だが、一部の場所は夜も昼も気をつけねばならない。便所、くずが積み重なったり汚水があふれたりする小路、大樹の根かた、流れがゆるく泥深い河岸、どぶの上の壁の土台、家のなかの閉ざされた暗い場所（物置など）。わが国の妖怪たちが出るという場所と似ていて、なんだかおかしくなってくる。

この世でジンの出るところは、だいたい以上のようなものだ。だがジン本来の住みかは、人間のいきつけないかなた、つまり地下や海底や「カーフの山なみ」である。カーフの山なみはこの世のはて。この世の大地は大海にとりまかれており、大海はカーフの山なみにとりまかれている。カーフの山は世界のすべての山々が生まれたもとであり、地下の分枝によってあらゆる山々と連なっている。神がある民や国を滅ぼそうとするときは、この枝をゆりうごかし地震をおこすのだという。山なみのかなたに何があるかは誰も知らない。はるかに続く平坦な天使の国があるともいうし、もっと驚くべきものがあるともいう。

その眷族

世のなかには色々なジンがいる。
ダルハーンという一族は孤島に住み、船を難破させ、流れついた船乗りを殺して食う。

ガッダールと呼ばれる一族は、旅人を道から踏み迷わせ、さんざん苦しめ恐がらせたすえ、沙漠のまんなかに置き去りにする。
詩人にとり憑《つ》くジンはライーと呼ばれる。
そのほか、数えていけば数限りもない。ただ、悪性《あくしょう》のジンには位づけがあって、その力によって五段階に分類される。弱いものから順にジャーン、ジン、シャイターン、イフリート、そして最大級の恐ろしいものがマーリドである。

シャイターン
これは悪魔（サタン）という意味だが、どうもジンとシャイターンやイブリース（シャイターンの王。キリスト教のルシフェルに相当する）の関係は定かでない。詳しくは八十四ページ参照。

イフリート
しばしば魔神と訳される、翼をもち怪力を誇る巨大なジン。詳しくは五十五ページ参照。

マーリド
マーリドは最大級に恐ろしいジンであり、巨大な怪物であって、イフリートの四十倍の

力を有するという。

　その両の目は火鉢のようで、そこから火の粉がこぼれ落ちる。鼻の穴は洞穴のように大きく憎々しげで、眠るときには滝のとどろきのような無気味ないびきをかく。シリアの民話によれば、マーリドは偉大な腕力に加えて、血潮で黒ずんだ巨大な諸刃の剣を使う。

　彼らにはそれぞれ特有の弱点がある。あるものは両目の間に生えた三本の白い毛を抜かれると死んでしまう。またあるものは魂が体のなかでなく、ほかの場所にある。この世のはての海底に眠る黄金の小箱のなかに。また、鹿の後足にくくりつけた、こわれやすい魔法の瓶のなかに。小箱や瓶が無傷な限りマーリドは不死身だが、こうした品をこわされると、魂は飛びさり、マーリドは倒れて死んでしまう。

対処法

　ジンは確かに恐ろしい。

　だがジンを出し抜くのは難しいことではない。ジンを使役する魔法使いの話はあちこちの民話にあるし、魔法使いでなくても、ちょっとの機転があればジンを丸め込むことができる。どうやら機知こそ人間がジンにまさる点であるらしい。

　このほか、ジンは塩、鉄、鋼《はがね》、シトロン、赤いハト、タール、火薬、香り豊かな植物、ザクロ（天国に生えている木）などを嫌う。また狼と鳥の攻撃を恐れるが、そのほかの生きものはジンを傷つけられないという。

もちろんコーランも効き目がある。悪性のジンはコーランの朗唱を聞くと逃げてしまうし、コーランを見るだけでも恐れる。そこで中世インド・イスラム社会では、新しい家を建てるたび、ジンよけにコーランの写本を置く習わしがあったという。

また一説によれば、ジンは信仰深い人間にはそもそも近づけない。『千一夜物語』中のある物語で、ジンの王の一人「赤色王」は、おおむね次のように語っている。

「バグダードのカリフ、ハールーン・アル・ラシードには、わしといえども手は出せん。そのわけは三つある。

まずもってあやつは人間で、人間はわしらより優れておる。

次にあやつは神の代理者じゃ。

最後にあやつは夜明け前の二回の跪拝《きはい》（ひざまずいて神に祈ること）を欠かさず守っておる。

だによって、七大陸から魔神の諸部族を集めて打ちかかっても、奴には何一つ危害を加えることができん。いや、奴に限らず、夜明け前の二回の跪拝を守り続けておる人間なら誰でも、その裁決はわしらに絶対的の効力をもっておるのじゃ」

だがこの説がウソなのか、それとも夜明け前の礼拝を守っている人間が少ないのか、ジンの被害はひきもきらない。ジンの害に対処する専門家までいるほどだ（二百八十二ページ参照)。彼らはジンを呼びだして話しあい、わびを入れて引きさがってもらう。

ジンと人間

ジンは人間ではないが、人間に似ている。人間と同じように理性をもち、意思をもち、最後の審判のときには人間と同様に呼び出される。違うのは肉でなく火でできており、力が強く、ふしぎな技の心得があることだけだ。

そのせいか、ジンはよく人間に興味をもち、人里に近づく。人間にさまざまないたずらをするのも、ひょっとすると友だちになりたいからかもしれない。

こうして物語のなか、ジンと人間の世界はつながる。

「魔術の物語[*三]が聞き手をわくわくさせるのは、それが二つの世界の間にある敷居をとり払ってしまうからである。……商人が駱駝に水をやろうとしてつるべを引くと、男ぶりのいい若者がその綱をつたって現れたとき、あるいは、荒野で狩りをしているアミールが、黄金の糸のように光り輝く髪の娘に出くわしたとき、当然のこととして、『お前はインス(人間)なのかい、それとも、ジンなのかい?』という問いかけがなされる」

「水場が混んでくる前に水瓶に水を満たすためにいつもより早く出かける約束を友達とした娘の話がある書物には実話として引用されている。月があたかも明け方であるかのように輝いている真夜中、娘は友達に起こされる。ところが娘は、自分の前を歩いている友達の衣服の足元から火花が飛んでいるのを目にして初めて、明け方までにはまだずいぶん時間があり、自分が夜のジンニーヤ（ジンの娘）と二人きりであることに気づいたというのである」

ジンと人間の結婚

物語のなかでは、ジンが人間と交わって子をなすこともある。ジンと人間の恋物語は数多い。そうしてジンと人間の間の子は、すくすくと大きくなり、女ならば見るも美しく育つ。「子供は夜中に育つもの。けれどこの子は夜も昼も育ち、みるみる女らしくなりました」というのが昔話における慣用句である。

ただし、こうした結婚は人間にとっては危険なものだ。夫がジンニーヤのきげんをそこねれば、殺されるか白痴になってしまう。妻がジンのきげんをそこねれば、夫はこの世のかなたに去ってしまう。そこで妻ははるばる旅し、ついにはジンの王に出会って、自分の夫と引きあわされることになる。

トルコの民話によれば、この王はしごく気のいいおかたで、自分の気にいった客人にはタマネギやニンニクの皮を渡すという。これがどれほどつまらない贈りものにみえても、捨てないほうがいい。人間界に戻るとタマネギは黄金に、ニンニクは銀に変わるのだから。

ジンに憑かれた人間

ジンはまた人間に憑き、正気を失わせる。憑かれた人間をマジュヌーンという。直訳すれば「ジンに憑かれた者」だが、おおむね狂人の意で用いられる。よいジンやわるいジンがいる以上、マジュヌーンにもよい狂人とわるい狂人がある。狂人は雄弁多才であり、詩人、歌手、巫女、占い師、説教師などはみなジン憑きによるものとされた。

詩人に憑くジンは特にライーと呼ばれた。感覚のするどい詩人は、ライーが自分に乗り移るのを自覚できた。ひんぱんにライーに憑かれる詩人は、そのライーの名前すら知っていたという。

こうした詩人たちはしばしば夜の沙漠に出かけ、さまよう。深夜、ワジ（涸れ谷）のある沙漠に出かけ、そこにたむろする魔物から霊感を受け、歌心を脳髄いっぱいに詰め込んで帰ってくるのである。帰ってきた彼が歌いはじめると、それが悲歌なら人々の胸ははげしく痛み、罵倒の歌なら罵《のの》られた人間は悶絶《もんぜつ》して倒れる。

なお、このマジュヌーンという言葉は固有名詞として……恋に狂った一人の男の呼び名として使われた例もある。詳しくは二百十四ページ参照。

変幻自在、ジンの絵姿

ジンの絵姿は時代によって変化した。十九世紀以降のヨーロッパの絵をみると、雲つくような黒人もしくはアラブ人の姿をしており、往々にして半裸である。ところが中世の細密画を見ると、むしろ日本の狛犬《こまいぬ》に近い。

とはいえ、これはどちらが正しいというものではない。そもそもジンは変幻自在のもので、われわれ人間がこのような些事を気にしはじめたなら、すでにジンの術中に陥ったといえよう。くれぐれも、本はひろい心で楽しみたいものだ。

＊一　いずれも森の精。ニンフは女、サチュロスは山羊の蹄をもつ男の姿をしている。

＊二　イブン・スィーナー（九八〇～一〇三八）。哲学者・医学者。主著『医学典範』は中世イスラム世界・西欧世界で医学の教科書としてひろく用いられた。過激シーア派の一派・イスマーイール派に同調していたため、絶えず身の危険を感じながら放浪の一生を送った。

＊三　『アラブの民話』イネア・ブシュナク編、青土社。

魔神《イフリート》

ジンのうち、特に巨大で乱暴なものをイフリートと呼ぶ。しばしば魔神と訳される。一般にジンは火でできているが、イフリートは煙でできている。刀などで切られると、傷口からは煙と蒸気が猛然と吹き出す。地中に住み、廃虚を徘徊する。翼をもち、飛ぶときはこれを開く。顔つきは醜く恐ろしく、大力無双である。

その能力

イフリートはたいそう腕力に優れるが、変身の能力にかけては通常のジンに劣るという。それが証拠に、物語のなかのイフリートは、大方は本来の姿で出てくる。背に翼をもち、雲つくような巨人で、しばしば体の一部がよけいについている（腕が多かったり、目が多かったりする）という姿で。

ただ、変身の必要がないだけなのかもしれない。なにしろ一説によれば、どんなに鋭い武器も、それだけではイフリートを傷つけることはできないという。イフリートを傷つけ、また殺すためには、まず魔法にかけるか魅了して隙をつくらねばならず、油断していないイフリートを通常の武器で殺すのは不可能なのだ。

加えて、イフリートはしばしば火炎を噴く。火炎は四方にふりかかり、これを受けると人間の目はつぶれ、ひげは焼けこげ、胸にでも当たろうものなら即死する。

そのうえイフリートの外観はすさまじい。声は雷鳴のように轟きわたり、顔つきは見るだに恐ろしい。ある昔話ではこれを一目見るなり、三人姉妹が気を失ってしまう。男でもおくびょうものは腰が抜けて動けなくなってしまう。

その性格

イフリートはこのように恐ろしい能力をもち、手に負えない乱暴者である。そのうえ、ほぼ例外なく女好きで、好んで人の娘を連れ去り、やるとなったらどんな悪行もためらわない。一度でも馬鹿にされると恨みを忘れず、親兄弟を殺されると必ず血の復讐を行う。だからこそ「悪性のジン」（四十七ページ参照）に数えられているのだろう。だがシャイターン（八十四ページ参照）などとは違い、決して根本から邪悪なわけではない。

『千一夜物語』中のある話では、妻にいじめられている哀れな夫にイフリートが同情し、力を貸す。またある話ではイフリートとイフリータ（女のイフリート）が、醜いせむし男と結婚させられようとしている娘を助ける。

たぶん彼らは、邪悪というより、少しばかり頭が足りないだけなのだ。そのせいか、魔法使いが従者に選ぶジンの種類は、いつも決まってイフリートである。単純なイフリートはしばしば魔法使いにだまされてつかまり、ランプや指輪や手鏡のなかに呪縛される。そして呪縛して使うには、実に重宝なものなのだ。なにしろ見あげるように大きく、建築の技に優れ、魔法の宮殿を建てることができる。

二つの逸話

最後にイフリートの姿や性情の例として、『千一夜物語』から二人ほどご登場願おう。

一人目はたいそう有名な、あの「瓶のなかのイフリート」である。

あるとき漁師が網を引くと、魚はかからず、真鍮の瓶がかかっていた。真鍮の瓶には鉛の封印が施され、封印の上にはスライマーン（ジンを従えたというソロモン王。百六十二ページ参照）の印章があった。これを開けると、なんと、恐るべきイフリートが出現した。

その頭は建物の円蓋《ドーム》のごとく、両手は箕をしのばせ、両脚は帆柱、口は洞穴のごとく、歯並みは岩を並べたごとく、鼻孔はラッパのごとく、双眼は二個のランプを並べたにも似て、このうえない憤怒と不吉の光を放っていた。

この悪性のジンは、はるかな昔、スライマーン王に封印され海に投げ込まれた。

封印されて最初の百年は「おれを救い出す者あらば、永久に金持ちにしてくれようぞ」

と思いつづけた。
次の百年は「地中の宝を開いてやろうぞ」と思った。
次なる百年は「三つの願いをかなえてやろうぞ」と思った。
そうして千八百年がたつうちに「もし俺を自由にする者があれば、誰でもいいや殺してくれよう、ただ死にかたはそいつの望みにまかしてやろう」と思ったのだという。漁師につめ寄るのである。実に人間心理をよく捉えた話である。

二人目は「黄銅城の物語」に登場するイフリートである。
黄銅の城を求めて人跡未踏の荒野を旅する王の前に、巨大な黒い鉄柱が現れる。そのなかには、脇の下まで地中にうずまった巨人がいた。巨大な二つの翼、四本の腕をもち、二本は人の腕のよう、いま二本は獅子の前足のよう。頭には馬のしっぽのような毛をはやし、両眼は赫々と燃える炭火のよう、額には第三の目が大山猫の眼を想わせ火花を放って輝いていた。

色はまっ黒で丈は高く、鎖につながれてしきりに「わが身のうえにかくのごとくすさまじい責め苦と痛ましい苦痛とを、復活の日にいたるまで科したもうたわが主よ、ほめたたえられておわしますよう！」と唱えていたという。

これは巨大なイフリートであり、名をダーヒシュ・イブヌル・アーマシュといった。その昔、海のかなたに、百万のジンを率いる「海の王」という王がいたが、ダーヒシュはその宮殿の神像に潜み、いつわりの神託をくだして王を自由に操り、ついには王をスライマーン王と戦わせた。だが戦に敗れてスライマーンのためにこの柱に封じ込められたのだという。

これがイフリートである。つまるところ、彼らはたいそう恐ろしいが、どことなく愛敬のある連中だといえよう。

食屍鬼《グール》

夜には多くの魔物が出る。

なかでも恐ろしいのは、人肉を食う鬼、グールである。

姿は毛むくじゃらでざんばら髪、眉毛もぼうぼう。体はしわくちゃで、歯は恐ろしく長く、そして鋭い。ロバの蹄や真鍮《しんちゅう》の牙をもつものもいる。嗅覚はたいそう鋭く、人肉の匂いを素早く嗅ぎつける。夜の沙漠を旅する人々を、さまざまの手管《てくだ》で道に迷わせ、忍び寄って食べてしまう。沙漠だけでなく、好んで墓場にも出没し、死骸を掘りだしては食ってしまう。このため食屍鬼と訳される。なんにせよ恐ろしい人食い鬼である。アラビアの母親はいたずらな子供をおどすのに「そんなことしてるとグールが来ますよ」と言う。

その出没

グールはいつ、いかなる所に出没するか。

彼らは夜を好み、なかでも月夜よりは闇夜、アラビア語でいう「最も夜なる夜《アルヤル》」を好む。太陰暦を使うアラビアでは月の変わり目の数日に当たり、夜行を事とする盗賊すら、ときに震えあがる夜々である。

これらの夜、グールは沙漠のいたるところを徘徊する。このほか墓場にも出没し、また灌木の林や葦原にも出るという。グールは人間の屍肉を好む。墓を掘り返し、死骸をむさぼり食う。

イスラム圏では土葬が習いで、火葬は絶対に行われない。死者を火にくべるのは、アッラーが地獄落ちの罪人に対して行うことで、人間がやってはならないというのだ。グールはこの習慣につけこんだのである。

だが、グールはどうやら選り好みをしない性分らしい。生きた人間を食うのも大好きだし、獣の肉を食うこともある。考えてみれば、荒涼たる沙漠で、人肉だけで生きてゆけるものではない。アラビアの民話には、寺子屋の師匠に化けたグールが、天井から吊した馬の屍を噛みさくところを子供に見られ、正体露見という話がある。

その手管

沙漠のグールは、これと目をつけた人間を「猫が鼠をからかうように」もてあそび、道に迷わせたあげくに食べてしまう。

その手口は三つに分けられる。保護色、変身、火。

保護色

グールは体色を自在に変えることができる。「グールが色を変えるように」という慣用句まであるほどだ。ムハンマドと同時代の詩人カアブ・イブン・ズハイルは歌った。

「グールが色を変えるように／移り気なる／かのひと！」

思うにこの能力は、狩りのために特別に発達したものと推測される。丘の陰や灌木《かんぼく》の茂みに、背景と同じ色になって潜み、そして襲いかかるのだ。

変身

グールは色だけでなく、姿形も自在に変える。沙漠のありふれた動物に化けることが多い。だが、ときには美女に化けて旅人を魅惑したり、別の旅人に化けて連れになったりして、沙漠の奥深くに引き込んで食べてしまう。

ただ一説によれば、いかに化けようともロバの蹄だけは変えられず、足跡を見ればグールだとわかるという。

火

もっとも悪質な手口。小高い丘の上で火を焚《た》き、人を引き寄せるのである。闇の沙漠で一つの明かりが、どれほど旅人の心を暖めることか。そして、その明かりがグールの罠だ

と知ったとき、旅人の絶望はどれほどか、察するに余りある。

その雌雄

グールには雄と雌がいる。

雄のグールはグール、アカンカウ、クトゥルブなどと呼ばれる。雌のグールはグーラ、シアラーなどと呼ばれる。

民話からみるかぎり、夫婦一緒に住んでいることはふしぎと少ない。雄はおおむね一人で暮す。雌は一人でいることもあり、たくさんの子を連れていることもある。

雌はどうも雄よりたちが悪い。往々にして美しい女性に化け、目をつけた旅人を（恐らく魔法の力で）

踊らせたり、捕らえてさんざんになぶったりしたあとで食べにかかる。相手に「まずどこから食べてほしい？」と聞き、正直にそこから食べはじめるのだ。どのみち、最後はみんな食べてしまうのだが。

そんな凶悪な生きものでも、子供に対する情愛は別だ。民話に出てくる子もちのグーラは、長いしわくちゃな乳房を子供に含ませたり、石うすを回して粉をひいていたりする。どうやらグールも子供のころは、乳とパンとで生きるらしい。

その誕生

一体グールというのは、どんなふうにして生まれるものか。

一説によれば、シャイターン（八十四ページ参照）どもは星の世界に登って天国の言葉を盗み聞きしようとする。天使たちは流星の矢を放ち、これを撃ち落とす。シャイターンどもの多くは焼け死ぬが、からくも助かったものは地上に転げ落ちる。このとき水に落ちたものがワニとなり、土に落ちたものがグールとなるという。

また一説によれば、グールは雄のシャイターンが「火からつくられた女」に孕ませた胤《たね》で、鳥の卵のようなものから生まれ出てくるという。

しかし現に雄のグールと雌のグールがいる以上、互いに交わって子をなすこともある。また、モロッコの民話によれば、雄のグールは人間の女と交わって子をなすこともある。

そんな子は半ば姿形のできあがった段階で半透明な卵に入って産み落とされ、やがて卵から孵《かえ》るという。

二つの逸話

グールについては、歴史上名高い逸話が二つある。

一つはイスラム以前の大盗タアッバタ・シャッランに関するもの。この男、いだてん走りの盗賊団の一人であるだけでなく、優れた詩人でもあった。「おれはグールに出会い、切りすてたぞ」と誇って、おおよそ次のような詩を残した。

「沙漠の一角ラハービターンでのことだが、どう話したらいいものか。みればまっ平らな沙漠を、雌のグールが駆けてくるじゃあないか。

おれは言ったね、「おたがい疲れたどうしじゃねえか。兄弟、おいらにかまうなよ」ところがやつめ、聞きもせず襲ってくる。そこでおれも突っこんださ、イエメンの名刀ひっさげてな。

渡りあって両手と首を傷つけたが、やつめ「まだまだ」と挑んでくるじゃあねえか。おれは疲れちゃいなかったが「まあ間をおくがよかろう」と言ってやったね。

それからまたぞろ戦って、朝になってやつの姿をみてみると、猫みたいな頭の醜い顔に、両目を輝かせ、二つに裂けた舌を出してる。足は未熟で、胴は火にあぶられた犬みたい、服は破れて外套か皮衣か見分けもつかねえ」

この詩は古来、グールの実在の証拠として多くの人に引用された。だが反対する人々は「詩人のホラだ、うわごとだ」と言う。

ところで、もう一つの逸話はほかならぬ第二代カリフ、ウマル（二十二ページ参照）に関するものである。この人は腕力が強く勇気があった。はじめはその腕前を誇るあまり、好んでイスラム教徒を迫害していたといわれるほどである。この人がイスラム改宗前、用があってシリアへ旅する途中、グールに出会い、剣で打ち殺したというのだ。

なにしろカリフの出てくる話だから、こちらは「詩人のホラだ」といっては済まされない。反対する人々はずいぶん頭を悩ませた。ある人は「グールというのは何かの象徴だ」と言い、またある人は「奇形の動物のことだ」と言った。

だがたいていの人々は、象徴や奇形といった難しい話より、グールはグールだという意見をとった。グールはグールだ、何のたとえでもない。この世の沙漠には多くのグールが潜み、闇夜を旅する人を待ち伏せているのだ、と。

❂対処法

そんな恐ろしいグールに対して、われわれ人間はどうやって身を守ればいいか。

一つには、むやみに恐れないこと。前にも述べたように、世の中にはグールの存在を否定する人もいる。伝承によれば預言者ムハンマドも「グールは存在しない。さまざまに姿を変えるグールなどというものは」と言ったという。

だがこの言葉を文字通りにとらず「預言者はグールの存在自体を否定したのではなく、グールの変身能力を否定したにすぎない」とする説も出た。何しろ、他の伝承では当のムハンマドが「グールの悪行から逃れるには、アザーンをくり返し唱えるがいい」と言っているのだから。

アザーンとは礼拝の時刻を告げる呼びかけである。ユダヤ教は礼拝の呼びかけにラッパを、仏教やキリスト教は鐘を使うが、イスラム教では肉声を使う。「アッラーは偉大なり、アッラーの他に神はなし、ムハンマドはアッラーの使徒なり、いざや礼拝に来れ、救いの道に来れ、アッラーは偉大なり、アッラーの他に神はなし」（スンニ派の場合）というものである。

グールを追い払う方法はアザーンだけではない。世界のどこでも、魔物は鉄を嫌うものとされているが、グールも例外ではない。

実際に鉄剣を身につけるほか、

「おお鉄よ！」

「おお鉄よ、黒きものよ！」

と叫ぶだけでも効果がある。また、

「アッラーは至大なり」

「おぞましき悪魔の害よりアッラーの加護を求めまつる」

と唱えるのも有効であるとされる。もっとくだけたところでは、

「ロバの足どん、いななけよ、声高く。わしは沙漠のこの道を離れんぞ」

と唱えれば、相手は恥じて谷底や山頂に逃げてしまうという。

だがしかし、もし相手がアッラーの御名も黒い鉄も恐れない、恐るべき強者だったなら？

そのときは、もし腕に覚えがあるなら、剣をふるって戦うのもよい。だがご用心、グールは斬れば殺せるが、必ず一撃で息の根を止めなければいけない。というのも、第二撃はグールを傷つけるどころか、かえって力を与えるからである。臆病者は自分の一撃に自信がもてず、恐怖に操られて二撃、三撃を加えてしまう。致命傷を受けたグールすら、死ぬ前に第二の打撃を受ければ息を吹き返す。グールはそれを知っているから、深手を受けたときは「もう一太刀やれ」と叫ぶ。この挑発に乗ってはいけないのだ。

また、首尾よくグールを殺しても、それで油断はできない。

モロッコの民話によれば、たとえグールを殺し、焼いて影も形もないようにしてしまっても、爪が残っていることがあるという。小指の爪一本でも残っていれば、それは部屋のすみに潜み、憎い相手の隙をついて飛びかかる。その爪に指の先でも傷つけられれば、命を失って倒れてしまう。

だから、剣よりも知恵に頼るのがよい。民話の世界ではグールにも掟がある。巧みに扱い、きちんと挨拶すれば、驚くほど優しく親切になる。

前もって「御身のうえに平安あれ」と言えば、グールは「きさまが挨拶せなんだなら、きさまの肉を引き裂き食らい、骨を楊枝《ようじ》代わりに使ったものを」とこたえ、危害を加えることはない。さらに、乳香樹の樹脂（乳香）をなめさせてやったり、もじゃもじゃ頭を櫛でといてやったりしてもよい。

またグーラ（雌のグール）に対しては、里子になることで危害を免れることができる。グーラがあぐらをかいて忙しく粉ひきをしているとき、じゃまな乳房は肩ごしに後ろにたくしあげられている。このとき背後から忍び寄って乳房から乳を吸えば、これで里子も同然となり、グーラ自身はもちろん、[*1]息子たちにも危害は加えさせない。

そしてまた、グールは誓いに縛られる。あなたがよるべない孤児で、道に迷ってグールの家に入りこんでしまったとしよう。もちろん、グールはあなたを食おうとおもって探す。だが探してもみつからず「何もしないから出ておいで」と言いはじめたなら、もう恐れることはない。あなたが出ていけば、グールは本当に何もしないばかりか、ごちそうをして育ててくれる。

そうして何年か経つうちには、グールの家の窓や井戸が、スルタンの宮殿や不思議の国に通じていることがわかるかもしれない。事実、多くの物語がそこからはじまるのだ。

グールその後

『千一夜物語』が欧州で翻訳されると、グールも複数の小説、童話に登場するようになった。ベックフォードの『ヴァテック』、バイロンやポオの詩などと並ぶ極初期のものに、アンデルセン童話の一編『野の白鳥』がある。このお話では教会の墓地にたくさんのグールが出、ぼろぼろの着物をぬいで、墓石に長い指の爪をかけて墓をあばき、死骸の周りに集まって肉をちぎって食べる。アンデルセンの怪物描写は片言隻語のディテールが常にすぐれる。

二十世紀に入るとアメリカ合衆国の怪奇小説家ラヴクラフトとその盟友C・A・スミスが独自のグールを描いた。それはゴム状の皮膚を持ち、地下の闇と夜の闇のなかを前かがみの姿勢で徘徊する種族で、あるいは人間が人肉の味をおぼえて変容を遂げたものかもしれなかった。今日多数のファンタジー小説やRPGに登場するグールは、民話や『千一夜物語』のグールより、むしろラヴクラフトとスミスのグールの子孫である。

なお、わが国での極初期のグールの受容例にテレビ特撮番組『変身忍者嵐』がある。これに登場するアラビアの鏡魔人グールは、醜い赤剥けした体を持ち、〝開いて下から見た傘〟の形に組み合わさった十二枚の二等辺三角形の鏡で体の前面を覆っている怪物であり、自在に分身し傘の中央から火を噴いた。グールは正義の忍者・嵐を鏡の世界に誘いこみ、嵐が目から発する光線を体の前面の鏡ではね返して「鏡は光線を反射する、それが科学の法則だ」と笑うが、武器で鏡を割るという原始的な攻撃にあって倒れた。妖怪と鏡や火の関わりがイスラム圏でもそれ以外でも見られることは言うまでもない。

＊一　イスラム世界で乳兄弟の関係は重い。それは日本や中国でいう義兄弟に近い。ムハンマドとアリーも年の離れた乳兄弟だった。

天使《マラーイカ》

天使（単数形マラク、複数形マラーイカ）は神の忠実なしもべである。姿は人に似て、背に翼をもつ。

コーランの「天使」の章には「讃えあれアッラー、天地の創造主、天使らを使者《みつかい》に立て給う。その翼は二つ、三つ、また四つ。数を増して創造なさるは御心のまま」とある。そういうわけで、多くの天使の絵姿は二翼だが、三翼や四翼のものもある。ヨーロッパの天使の翼は白が多いが、イスラムの天使の翼は多彩であり、加えて雲や炎を足もとに踏まえている。

天使には男女の別があるが、男でもおおむね鬚《ひげ》はない。また、互いに交わって子をなすこともない。その代わりに長命だが、それでも不死ではないという。どうやら不死は神のみに許されたことらしい。

その職務

彼らには三つの役目がある。すなわち使者、記録者、戦士。

使者

彼らは神の使者であり、預言者や心正しい信徒に神の言葉を伝える。ムハンマドもまた、大天使ジブリール（ガブリエル）を介して啓示を受けた。

記録者

彼らは人類の守護者であり、一人一人の人間の行為をすべて見届け、天の帳簿につける。最後の審判の日にはこの帳簿がひもとかれ、天国ゆきか地獄ゆきかが決定される。

戦士

彼らは天宮の番人である。ジンやシャイターンが空に登って天上の御前会議を盗み聞きしようとするとき、流星の矢を放ってこれを撃ち落とすのも彼らである。

また、天使は神の命を受けて地上に介入することがある。ムハンマドの軍がメッカの異教徒と戦った際、数人の信徒は天使が自分たちとともに戦うのを見たという。またある者は天使の姿こそ見なかったが、自分の剣が届く前に敵の首が落ちるのを見たという。

天使は人間とは比べものにならないほど強大な力を有する。だがイスラムの教えによれば、ときとして人は天使より偉大たり得るのだという。すなわち、天使が善をなすのは当たり前のことだが、悪をなし得る人間が善をなすとき、彼は天使よりも偉大となるのだ、と。

天使列伝

天使たちのうち、名のあるものの伝を以下にあげる。

ジブリール

キリスト教のガブリエル。「誠実なる霊」「われらが霊」「聖霊」などと呼ばれる。神が地上に何かを知らせようとするとき、最初に遣わされるのは往々にして彼である。マルヤム（マリア）に受胎を告知したのも、ムハンマドにはじめて啓示をもたらしたのも彼である。

所伝によれば、あるときムハンマドが岩山の洞窟で瞑想にふけっていると、どこからともなく一人の人影が現れた。これこそジブリールであった。錦織りの袋をたずさえ、袋のなかには何か書物のようなものが入っていた。

ジブリールは「読め」という。

ムハンマドは三度「何を読めというのですか」と聞くが、そのたびに天使は彼を錦の袋で押さえつけたので、ムハンマドは今にも死ぬかと思った。やがて、とにかく読まねば殺

されると思い、相手の朗読に続いて読んだ。

……誦《よ》め、「創造主《つくりぬし》なる主の御名において。いとも小さき凝血から人間をば創りなし給う」……

これこそ神がムハンマドに伝えた言葉であった（こうした言葉を集めたものがのちのコーランである）。

ようやく放されて洞穴を出ると、はるかかなたに、両足で地平をまたぐ巨大な人影があった。影は言う。

「ムハンマドよ、そなたは神の使徒、そしてわれこそジブリールなるぞ」

ムハンマドは目をそらすが、四方いずれの地平を見ても、必ずジブリールが仁王立ちしている。やがて観念したころに、天使の姿はようやく消えた。

ミーカール
キリスト教のミカエル。ジブリールと同格の大天使であり、幾度かジブリールとともにムハンマドの前に立ち現れて彼を教え導いたという。性格はまじめで厳しく、決して笑うことがないといわれる。

イスラーフィール

最後の審判の日、復活のラッパを吹く天使。四翼をもち、頭は七層の天の第七層に、足は七層の大地の第七層に達する。すなわち天地と同じほどに大きいのだが、ときにその身を縮めて地上におもむくこともある。後出のアズラーイールと並んで、天使中の切り札というべき存在であり、ジブリールやミーカールが任務に失敗したのち、はじめて出陣する。

むかしソドムの民はぜいたくをきわめ、同性愛にふけっていた。そこでまずジブリールが警告にいったが、民は聞こうとしない。次いでミーカールが遣わされたが、彼も任務を全《まっと》うできなかった。そこで神は審判のラッパを吹くイスラーフィールを遣わしたが、なんたること、民はそれでも耳を貸さない。このとき民の運命は定まった。

運命の日、朝の最初の光とともにイスラーフィールは一団の天使を率いて再びソドムに現れた。地震で町をくつがえし、焼けた粘土のつぶてを打ちつけた。つぶての一つ一つには、その弾が打ち殺すことになっている人間の名前が刻みこまれていて、実によく当たったという。

アズラーイール

キリスト教のアズラエル。死の天使《マラク・アル・マウト》と呼ばれる。「アズラーイールの羽ばたきを聞く」といえば「死を間近に迎える」という意味である。

その本来の姿は異形をきわめる。一説によれば四つの顔と四千の翼をもつという。また別の説では、全身が無数の目と舌からなり、その数はこの世に生きている人間の数に等しいという。

いずれにせよ彼が本来の姿で地上に現れることはめったにない。だが地上におもむくことは多い。おそらくすべての天使のなかで、もっとも多いはずである。なぜなら彼は死の天使であり、あらゆる人間に死をもたらす使者だから。

『千一夜物語』のなかには、彼の登場する物語が三つある。物語のなかで、彼は哀れな老人の姿をとり、さまざまの人に近づいては「おまえの死ぬときがきた」とささやいて魂を連れてゆく。彼は王のもとにもゆけば、貧しい隠者のもとにもゆく。王ははじめ老人姿の天使をさげすみ、やがて本性を知って命ごいをするが、アズラーイールは一片の情も見せず魂を取る。貧しい隠者は最後の礼拝を行い、従容《しょうよう》として死につく。

実に、死の天使アズラーイールには誰も逆らえない。ただ古代の預言者ムーサー（モーゼ）のみ、死の天使を見るや「わしはまだ死ねん」と言い、その顔を打って片目をえぐった。やむなく神はアズラーイールに新しい目を与えた。ムーサーはその後、新しく若い預言者が出たあとにようやく死を迎えたという。

なお伝説によれば、人間に死を与えるアズラーイールは、人間に生命を与えた天使でもあるという。すなわち、神は人間をつくるに当たり、天使ジブリールに「大地から一塊の粘土をとってこい」と命じた。だが大地はこれを渡さない。次いでミーカールが遣わされたが、彼も任務を全《まっと》うできなかった。そこでついに死の天使アズラーイールが派遣され、首尾よく黒・赤・白の三色の粘土をとってきた。神はこの粘土をこねて人をつくったので、黒人・赤人（黄色人種？）・白人の三種類の人間ができたというのだ。

ザバーニーヤ

ユダヤ・キリスト教では、地獄に落ちた罪人は悪魔のたく釜にほうりこまれ、悪魔からさんざんな責め苦を受ける。

だがイスラム教では、地獄の業罰をつかさどるのは悪魔でなく天使である。ムハンマドはコーランのなかである不信心者を罵り、彼が地獄に落ちて責め苦を受けるさまを描いて言う。

「よし、あの男、地獄の業火で焼いてやる。……一物も残さず、一物もあまさず、皮膚をじりじり焼き通し、十九の天使がその番をする」

火の番をし罪人を痛めつける、この十九人の天使をまとめてザバーニーヤ（複数形）という。ザバーニーヤとは直訳すれば「はげしく突きさすもの」という意味であり、「粗野にして《ギラーズ》乱暴なる《シダード》もの」とも呼ばれる。どうもあまり上品な天使ではないらしい。

マーリク

地獄の管理者。恐らくザバーニーヤたちも彼の管理下にあるのだろう。

また、地獄の火の管理者でもある。神が一言命じれば、こたえて一粒の火種をとり出す。それはひとたび地上に出れば、黒雲となって一つの地方をおおい火の雨を降らす。

ムカッラブーン

直訳すれば「近くに置かれたもの」。すなわちアッラーの近侍に当たる天使たちであり、昼も夜も休むことなく神を讃えている。

余談だがイーサー（イエス）も近侍《ムカッラブ》と呼ばれることがある。彼はなかば天使に近い存在であり、天使らとともにアッラーのそば近く侍っているというのだ。

ムンカルとナキール

死者を裁く天使。「ナーキルとナキール」とも呼ばれる。

葬式の次の晩、彼らは塚のなかの死者を訪れる。死者の魂を検分し、彼がもし不信者であれば塚を一時的な地獄に変え、信者であれば一時的な煉獄に変える。死者はその煉獄のなかで審判の日まで苦行を積んだのち、はじめて天国に召されるのである。もし万一彼が聖者であれば、塚は一時的な天国に変わる。これを「ムンカルとナキールの審問」「塚の罰」などと呼ぶ。
　ただしこういった話は後世にできたもので、コーランには一度も出てこない。

ムバッシルとバシール
　シーア派の説によれば、ムンカルとナキールが担当するのは塚のなかの業罰だけである。塚のなかの聖者を訪れ、これを慰めるのはムバッシルとバシールの役目である。

イブリース
　シャイターン（悪魔）の王。神に背《そむ》き、天国を追放された。キリスト教のルシフェルに相当する。詳しくは八十六ページ参照。

ハールートとマールート
　堕天使。美女の誘惑に負けて堕落し、人類に妖術を教えた。詳しくは九十一ページ参照。

悪魔《シャイターン》と堕天使

ユダヤ・キリスト教には悪魔という概念がある。神に背《そむ》き、疫病を流行らせ、人々に悪を吹き込む存在である。その頭目をサタンという。

イスラム教にも悪魔はいる。これをアラビア語でシャイターンという。サタンのなまりである。

彼らはユダヤ・キリスト教の悪魔とまったく同じように神に背《そむ》き、疫病を流行らせ、人々に悪を吹き込む。その頭目をイブリースという。

その歴史

ユダヤ・キリスト教の悪魔という概念は、イスラム教にもとり入れられた。その際、ムハンマドはアラビア人なので、悪魔のモデルにアラビアの神々やジンを使った。要するに、アラビアの多神教の神々や悪性のジンをシャイターンと呼ぶことにしたのだ。

十世紀の歴史家タバリー*一は「シャイターンとは、異教徒が神に背いて信じていたところの存在（つまり異教時代の神々）である」といっている。異教時代に雷神クザイという神がいたが、クザイの弓（虹のこと）はやがてシャイターンの弓と呼ばれるようになった。また日の出に伴う現象のなかには「シャイターンの二本角」と呼ばれるものがある（これが具体的に何を指すかは不明）。シャイターンが好んで影と日なたの境、昼と夜の境に住み、糞便やあらゆるごみくずを食うというのも、悪性のジンに関する言い伝えが残ったものと思われる。

こうしてジンと悪魔は混同され、悪性のジンの位づけのなかにシャイターンという名が現れることにもなった。今にいたるもこの混乱は続いており、ジンとシャイターンの関係は定かでない。

その特徴

シャイターンは一切の実体をもたないともいうし、非常に希薄な、捉えがたい実体をもつともいう。どんな国にもいるが、インドとシリアのシャイターンは特に強力である。雄も雌もおり、人間と同じように一体ごとに別々の名前をもっている。顔はみるからに恐ろしく、手足はねじくれ曲がっている。だが、その気になれば人間そっくりに化けることができる。病、ことに伝染病をその武器とする。

神の御名のほか、特に雄鶏《おんどり》を恐れる。夜明けを告げる鳥だからだろうか。また、一説によればラマダーン（断食月）の間はずっと縛られていて動けないという。

なお後世の民間信仰によれば、人間にはそれぞれ一匹のシャイターンがついていて、わるいことをしろと吹き込む。どんな聖者にもそのシャイターンがいる。人間とそのシャイターンとは、人間とその体内の血と同じほどに近しいもので、切り離すことはできない。だがシャイターンには人間を自由にする力はない。誘惑しだますことしかできないから、だまされなければ恐れるに足りない。また人間にはそれぞれ守護天使もついていて、よい考えを教えるという。

❁悪魔・堕天使列伝

悪魔どものうち、名のあるものの伝を以下にあげる。

イブリース

悪魔の王。ユダヤ・キリスト教のサタン＝ルシフェルに相当する存在。アル・シャイターン（The Satan）とも呼ばれる。イブリースという名は、恐らくギリシア語のディアボロス（悪魔）からきたものと思われる（異説あり）。

もとは神に仕えていたが、人間の創造の際に神に背いたという。その経緯は……。

コーランによれば、神はアーダム（アダム）をつくった際、天使たちに「ひれ伏してア

―ダムを拝め」と命じた。居並ぶ天使たち、みなこれに従ったが、独りイブリースは従わない。そこで神は問うた。

「なぜみなといっしょに額《ぬか》づかない」

「黒泥をこねてつくった人間なぞ、私は断じて拝みませぬ」

「ではここから出てゆけ。まことに呪うべきものよ」

こうしてイブリースは罰を受けることになったが、神に猶予を乞い、聞き入れられた。そこで彼は恐ろしい誓いを立てる。

「いずれ最後の審判のときには、地獄[*二]の業火のなかで報いを受けるだろうが、それまでは地上の人々を誘惑し、迷いの道に引き入れてやろう」

彼はさっそく仕事にとりかかった。エデンの園に入り、アーダムとその妻をたぶらかそうというのだ。

しかし自分は神に追放を受けた身であり、園の警護はきびしい。どうやって入ればいいかと考えるうちに、蛇という知りあいのことを思いついた。このころ蛇はラクダに似た足をもち、あらゆる獣のなかでもっとも美しい姿をしていた。彼は悪魔の頼みを聞き、イブリースを口のなかに隠して園に入れた。

イブリースはアーダムとその妻を誘惑し、神が禁じた知恵の実を食わせた。こうしてアーダム夫妻は楽園を追われるにいたった。その後、蛇は神罰を受け足をなくしたというが、それはさておく。

一説によれば、その後イブリースはヌーフ（ノア）の大洪水の際に一度滅ぼされるはずだったが、ヌーフに命を救われたという。

大洪水がおこり「天の大釜が煮こぼれたとき」、ヌーフは方舟にあらゆる動物を一つがいずつ追い込んでいったが、最後に残った雄ロバがどうしても入ろうとしない。実はイブリースがロバのしっぽにしがみつき、ロバをとどめていたのである。ヌーフは思わずロバに「ええい乗れこの悪魔

め」と言ってしまった。ロバは入り、悪魔もいっしょに入った。のち、方舟のなかでイブリースを見たヌーフはびっくり仰天、「いったい誰がそなたを乗せた」と聞く。悪魔は「おまえだよおまえ」と言って笑っていた。

生きのびたあと、イブリースは神に対して「人間にはあまりに多くの特権が与えられています」と不平を言った。そこで神は悪魔にもそれ相当の力を与えたという。すなわち占い師がその預言者であり、刺青《いれずみ》がそ

の啓典であり、虚偽《きょぎ》がその伝承であり、詩がそのコーラン読唱であり、楽器がそのムアッジン(アザーンの朗唱者)であり、市場がそのモスクであり、浴場がその館である。神の御名を唱えることなく殺された獣の肉がその食物であり、酒がその飲みものであるという。以来今まで、イブリースや悪魔《シャイターン》どもは人間を誘惑し、人の心に邪悪をささやき続けている。

さて、このイブリースは出自が定かでない。コーランのなかで彼は天使と呼ばれたり、ジンと呼ばれたりしているのだ。

「天使たちは残らず一度にひれ伏したのに、イブリースだけはどうしてもみなと一緒に額《ぬか》づこうとしなかった」(コーラン十五章三十一~三十二節)

「あれはもともと妖霊《ジン》の一族であったので、それで主のお言いつけにも背いたのであった」(十八章五十節)

イブリースは天使なのか、ジンなのか? さまざまな説が生まれ、神学論争の格好の題材となった。そのうち、二つの論を統合した仮説が一部に生まれた。つまりこうだ……。

大地をつくりおえたのち、神はまず煙なき炎からジンをつくった。神はジンたちに獣の血を流すことと互いに争うことを禁じたが、ジンは大いに獣の血を流し、争ってやまなかった。ジンの一人イブリースはほとほと呆れはて、天に昇って天使らとともに神に仕えたいと請うた。神はこれに応え、一群の天使を遣わして特に性悪なジンどもを殺し、残りをはるかな海島に放逐する。かくてイブリースは天の門番となったが、しだいに増上慢に陥った。アダムを拝めと命じられて、彼は答える。

「地上において神の代理者たるべきものは我をおいて他になし、我には翼もあれば背光をも負うております」

かくして彼は天から放逐された。

彼は地から天へ、天から地へと上下し、世界の歓喜と悲惨をつぶさになめたのである。

ハールートとマールート

二人組の堕天使。コーランによれば彼らは悪徳の都バビロン[*三]に住み、人や悪魔に妖術を教えたという。

さらに詳しいいきさつは後世の伝承にある。それによれば、彼らははじめ天にあり、地上の人間が欲望におぼれるのを見てさげすみ笑った。神は「おまえたちとて、地上にあればあのようになろうものを」とたしなめ、なんなら試してみるかといった。彼らは挑戦を受けて地上にくだったが、はたせるかな人間の女の美によって肉欲のとりことなり、ついには殺人まで犯した。このため罰としてバビロンに幽閉され、人々に妖術を教えたという。

また九世紀の文人[*四]ジャーヒズによれば、かれらは本来、人に真理を伝えるため遣わされたが、ある女人の美に心を迷わして酒を飲み、アッラー以外のものを崇拝した。また、その美女にある秘術の名前を教えたため、かの女人はその名前の魔力によって天にのぼり金星となった。このためハールートとマールートは罰せられ、髪の毛でバビロンの井戸のなかに吊りさげられた。魔法使いどもは彼らから魔術を習うのであり、またビルキース（シバの女王。百六十五ページ参照）や双角王《ドウル・カルナイン》（アレクサンドロス。百七十ページ参照）は彼らの子孫であるという。

異説・イブリースの容貌

十三世紀イランの詩人サアディー[*五]は、たとえ話のなかで一風変わった悪魔イブリースを登場させている。

すなわち、ある人が夢に悪魔を見たが、その姿は糸杉のようにすらりと丈高く、天人のような顔からは光がさしていた。そこで思わず「なんと、これが悪魔か？　天使もこれほど美しくはあるまい。月とまがう美貌をもちながら、なぜ世界じゅうに醜さで知れわたっているのか。みながそなたを恐ろしい顔つきだと考えておるのに。王宮の絵師もそなたをどうもうな顔つき、曲がった手、醜くすさみはてたさまに描いておる」というと、悪魔は「ははあ、何しろ筆は敵の掌中に握られておりますのでな」と答えたというのだ。

＊一　タバリー（八三九～九二三）。歴史家・コーラン学者。イスラム世界最初の年代記『諸預言者と諸王の歴史』などを著した。これは極力自分の考えをさしはさまず、あらゆる伝承を出典を明らかにして記したもので、資料として高く評価されている。

＊二　キリスト教と違い、イスラム教ではイブリースは地獄の王ではない。天使マーリクが地獄の管理者である。地獄の責め苦をつかさどるのも、悪魔ではなくザバーニーヤと呼ばれる天使たちである。八十一ページ参照。

＊三　メソポタミアの古都。かつてユダヤ民族はバビロニアの捕虜となってこの都で働かされていた。そこでユダヤ・キリスト・イスラム教では、バビロンは単に豊かで贅沢な都市だというのではなく、そこに道徳的判断が加わって「頽廃と悪徳と妖術の象徴」とされた。

＊四　ジャーヒズ（七七六?～八六八／九）。アラビア語の散文を確立した文人。本名をアムル・ブヌ・バハルといい、ジャーヒズとは「出目」という意味のあだ名。背は低く、容貌あくまで醜かったが、学識と機知は比類なかった。ひどい毒舌家で、論敵からは外道と罵られたが、ふしぎと人好きのする一面もあったという。主著『動物の書』『けちんぼども』など。

＊五　シラーズのサアディー（一一八四?～一二九一）。ペルシアの詩人・文人。神秘主義の托鉢僧として諸国を放浪し、十字軍の捕虜となったこともあった。主著『薔薇園』『果樹園』はいずれも散文と韻文を織り混ぜた歌物語。

悪鬼《ディーヴ》

イランの民話・伝説に登場する怪物である。

もともと古代ペルシア語のダエーワ（悪魔）がなまったものだが、今では悪魔という印象は薄く、むしろ日本でいう鬼に近い。純然たるこの世の生きもので、鉄も神の御名も恐れず、大力無双である。

欲ばりで乱暴者、そのうえときおり人を食うが、性根は単純素朴である。

その姿

ディーヴの外見は恐ろしい。人間よりずいぶん大柄で、肌は黒く、唇までも黒い。目は青く、口には牙、手には爪、頭には一本ないし二本の角がある。巨大な体はいちめん黒い毛でおおわれている。

そのほか、いろいろな姿のものがいる。

あるものは耳や歯など、体の一部が巨大化している。

また、複数の頭をもつディーヴもいる。あるものは二つ頭、あるものは七つ頭、あるものは十二の頭をもつ。首の多いディーヴは、往々にしてギリシア神話の多頭竜《ヒドラ》と同様、首を切り落とされるたびに新しい首が生える。なかには四十の腕をもつディーヴもいる。

　変わりだねとしては、胴体がなく、巨大な首だけの姿のディーヴもいる。動くときには手足がないので、ただごろごろと転がるのだ。

その性情

ディーヴのものの考え方はごく簡単で、強いものに従う。勇者に打ち負かされたディーヴは従者となることもある。民話では、主人公に出会ったディーヴが「もしおれさまが負けたなら、きさまの奴隷となってやろう」と言って打ちかかるのはよくあること。

　また、古代の英雄ファラーマルズに負けたディーヴは、巨大な耳たぶに穴を開け、耳輪代わりに一対の蹄鉄をはめて彼に従ったという。この鬼は実にまめまめしく主人に仕え、あるときなどはさる国のお姫さまのもとに求婚の使者に行った。宮廷内はさぞや大騒ぎになったことと思われる。

　ただし一度殴りあうまでは非常なひねくれもので、何かをやれと言われると、必ず反対のことをする。このため「さかしま《ヴァールーナ》」という異名がある。これに気づいた旅人が「ディーヴさまディーヴさま、私に茶は出さなくてけっこうです。ほっぺたが落ちそうなピラフも、羊のあぶり肉も出さなくてけっこうです。そんなことをされると死んでしまいます」

と言い、すばらしいごちそうにありつくという話もある。

昼は寝、夜は起きて働く。これも「さかしま」の一つだろうか。一説によれば数日ぶっ続けで起きていたあと、数日ぶっ続けで眠るのだともいうが、いずれにせよ昼間はうとうとする。一番好きな眠りかたは、井戸の底の自分の家で、人間の女の膝まくらで眠ること。このためよく美女をかどわかしたり、むりやり結婚したりする。

だが、これが彼の不幸につながる。というのも、美女の膝まくらでディーヴが眠っていると、往々にして勇敢な若者が現れ、剣でディーヴの足を突き刺して戦いを挑むからである。ディーヴは勇敢に戦うが、邪悪はついに正義に勝てない。

その能力

彼らが戦うときは大岩や木の幹など、ごく原始的な武器を使う。家のなかなら小山のような石臼をつかんで持ちあげ、投げつける。ただし一部のものは軍隊として組織されており、りっぱな武器と鎧を身につけている。このあたり人間と変わらない。

伝説によれば、弓は人間がディーヴと戦うためにあみだした武器だという。打物とっての殴りあいでは、ディーヴの力がものをいうだろうから、なるほど筋は通る。

また、ディーヴは多少の変身能力をもつ。たいていのものは馬や野生ロバに化けるのが関の山だが、なかには人や獅子、竜に化けられる術者もいる。

また、そのほかの魔術の力も多少は備えている。民話では、人に恩を受けたディーヴは自分の髪の毛を抜いて渡し「わっしの力が入り用なときは、こいつを燃やしなさるがい」と言う。あとで彼もしくは彼女が困ったとき、その髪の毛を火にくべると、ディーヴが現れて助けてくれるのである。[*一]出現の前ぶれとしては、急に空気が熱くなったり、みょうな臭いがしたりする。

その住みか

仲間と離れて一人でいるディーヴは、好んで井戸や洞窟に住みつくという。そしてディーヴの住みついた井戸や洞窟は往々にして熱い。灼熱の地獄からの連想だろうか。

ペルシアの民話にこういう話がある。

むかしむかしある国の王子たち、王宮の宝のリンゴを盗むものがいるので、交替で見張りに立つことにした。一日目は長男、二日目は次男が立つが、なぜか眠り込んでしまう。三日目の末っ子、自分の指を切って塩をすり込み、ねむけに耐えて待つほどに、空に一本の腕が現れてリンゴをとろうとする。剣を抜いて切りつけると、腕は血をしたたらせながらもリンゴをつかんで消え去った。血のあとをたどると古い井戸に着く。

翌朝、まず長男が綱をつけて井戸にもぐるが、あまりの熱さに耐えきれず、悲鳴をあげて引きあげられる。次男も同じく。最後に末の王子、「いくら私が悲鳴をあげても、こんりんざい引きあげてくれるなよ」と言い残して井戸に潜る…というのだ。

このほか、ディーヴが群をなして住む土地もある。たとえば大海のただなかにはディーヴの住む島がある。この地のディーヴは何よりも鉄を好み、たまたま島の近くを通る船があると、船まで泳いでいって「宝石とひきかえに鉄をくれ」と船乗りにもちかけるという。

こうしたディーヴの国のうち、もっとも有名なのは、中世ペルシアの叙事詩『王書《シャー・ナーメ》』に出てくるマーザンダラーンの地である。

マーザンダラーンという土地は現実にもある。イラン北部、カスピ海に面した緑豊かな土地である。

『王書』のマーザンダラーンは現実のマーザンダラーンとは違う（たとえばユダヤ・キリスト・イスラム教で「妖術の都バビロン」というとき、それはメソポタミアにあるというより、どこかこの世のはてにあるものと受けとられた。マーザンダラーンもこれと同様である）のだが、景色の美しさは変わらない。そこには四季を問わず野の花が咲き、大気はかぐわしく、憩うにわざわざ場所を探す必要がない。

そこにはディーヴの王が住み、ディーヴの軍と将軍、町と砦、畑と家畜がある。

『王書』によればイランの王カーウースは生来の無鉄砲からこの地を侵し、白鬼《びゃっき》と呼ばれる偉大なディーヴと戦って、さんざんな目にあった。

❁白鬼

恐らくもっとも有名なディーヴは、『王書』に登場する白鬼《びゃっき》だろう。顔も体も黒いのだが、なぜか白鬼と呼ばれる。一説ではざんばら髪がまっ白だったのだという。ディーヴの国マーザンダラーンの辺境に住み、鬼たちにはこよなく尊敬され、恐れられていた。

あるときイランの王カーウースは、臣下の忠告も聞かずマーザンダラーンに侵攻し、おびただしい黄金、宝石、家畜を略奪した。そこでディーヴの王は国の辺境から白鬼を呼び、助けを求める。

聞くや白鬼は山のように立ちあがり、その頭は巡る天輪に達せんばかりになった。その夜、イラン軍の陣営を黒雲がおおい、空からはたくさんの石とレンガが降った。黒雲で何も見えないまま、軍は恐慌に陥り、潰走した。

ようやく朝がきて、彼らは驚愕した。朝の日ざしが頬に当たるのに、目には何も見えない。白鬼の呪術は彼らを盲目にし、闇のなかに閉じこめたのである。イラン人たちは七日の間、荒野をさまよった。白鬼は十分彼らを絶望させたあと、八日目に高笑いしながら現れ、カーウースたちを捕虜にした。

これを聞いたイランの勇士ロスタム（二百四十四ページ参照）は、王を救いに乗り出した。七つの苦難をくぐり抜け、ようやく白鬼を倒して、その血を人々の目に注ぐと、王や兵士たちの視力はもとに戻ったという。

だがむこうみずなカーウース王は、以後冒険に出てはひどい目にあうのだが、それはまた別の話である。

＊一　イスラム圏の民話伝説には、人に恩を受けた「もの」や、人を可愛く思った「もの」が、自分を呼び出すための「呼び出しのよすが」というべき品を授ける例が複数ある。百十一ページ参照。

猿《キルド》とその仲間

キルドとは直訳すればただの猿である。

だが中世のイスラム世界には、猿に関するさまざまな迷信があった。そして遠いはるかな国の人間が猿といわれたり、猿が人間といわれたりするのも珍しいことではなかった。

この項で扱うのは、そうした逸話の数々である。

史実の猿

イエメン（南アラビア）の山中にはマントヒヒやグリーン・バブーンが群棲する。一つのグループにおよそ十〜百匹の猿がおり、一匹の雄猿がこれを率いている。

南アラビアの人々は、イスラム教の成立以前から猿を怪しみ恐れていた。人に似たこの生きものは魔物か、ジンか、それとも人が変化《へんげ》の末にかくなりはてたか。

そしてイスラム教も、猿に関するふしぎな物語を否定はしなかった。コーランによればダーウド（百五十七ページ参照）王の時代、海辺のある町の人々は、律法にそむいて安息日にも大いに魚を食った。ために、ふだんは安息日というと岸近く寄ってくる魚が、恐れをなして近寄らなくなったほど。やがて神も怒り、この町の罰当たりどもを猿に変えてしまったという。

『千一夜物語』でも、人はしばしば猿に変えられる。この書には変身の術がよく出てくるが、魔法使いが人を獣に変えてしまおうとするとき、選ばれる姿はおおかた犬か猿である。

こうした逸話が流布する一方で、猿をより実際的に利用した人々もいた。イエメンやオマーンの定住民は、猿を飼い慣らして石臼を挽かせ、あるいは品物の番をさせた。猿にスリや空き巣を教える悪党までいた。

後年、インド洋に進出したイスラム商人たちは、さらに多くの猿を目にすることになった。東アフリカのコロブス（オナガザルの一種）は、見事な漆黒の毛並みが珍重され、その毛皮はヨーロッパや中央アジアにまで輸出された。当時の年代記によれば、インド洋には「猿の島」があったという。クリア・ムリアやソコトラ諸島の猟師たちは、はるばるその島まで猿を捕らえに出かけていく。人を恐れない猿が餌の匂いにつられてやってきたところを、輪なわにかけて思いのままに捕らえ、ある者は殺して毛皮商に売り、またある者は高値で収集家や猿回しに売るのだという。

猿回しは世界中どこにでもある。猿のおどけ顔、ものまね、いたずら、曲芸。それはあらゆる人々を喜ばせる。イスラム世界でも、市の立つところには必ず旅の猿回しがいた。槍の石突きを地面に突き立て、猿に合図すると、猿は目にもとまらぬ速さで槍をよじのぼって穂先に立つ。そのほか、猿のみせる軽業は数限りもない。イエメンやソマリアの猿回しはことに名高かった。

そして特別な芸を仕込んだ猿は、王侯貴族にも喜ばれた。インドや中国の諸王は毒殺を防ぐため、特に訓練された猿を飼い、これに毒見役をやらせていた。そこで、あるカリフなどは中国の使者から「どうしてあなた様もそうなさらぬのですか」と尋ねられた。また別のカリフは、ヌビア（ナイル上流域）の王から二匹の猿を贈られたが、この猿の一方は裁縫が巧みで、いま一方は粘土をこねて像をつくることができたという。

猿？　人間？

猿回しの芸を見て人々は笑い、そしてほんの少しだけ無気味がる。「猿はもっとも醜い動物だが、なんとわれわれに似ていることか」（エンニウス）とでもいうように。イスラム法は猿の肉を食うことを禁じたが、それは衛生上の問題だけが理由ではあるまい。人肉を食っているような気分になるのだ。

では、猿と人間をなんで分けるか。二本足で歩くか、四本足で歩くかで分けよう。幸い中東には二足歩行の猿はいない。

ところが世界にはいるのだ。インドネシアや中央アフリカに。

だから、イスラム商人が世界じゅうに出ていくようになると、すぐにふしぎな半人間の話が広まった。

「遠いかなたの島には、裸ではだしの人々がいる。言葉は通じない。全身毛だらけで、樹上に住み、果物を食べて生きる」

半―人間。アラビア語で、それをナスナースという。

ナスナース

半人間はいいのだが、実際に人間とどう違うのかは、説く人によってまちまちである。

猿人

猿と人の中間のような生きもの。人の顔をもち、二本足で歩き、人語を解する。全身毛だらけだが、猿と違って尾はない。おそらくこれがナスナースのもっとも古い姿と思われる。

小人

「半―人間」を「人間の半分ほどの人間」ととったもの。一説ではヤージャージュとマージャージュ（ゴグとマゴグ）、アードとサムードといった太古の部族が、神の怒りに触れてこの姿になったという。

巨人

もっとも独創的なナスナース。「半―人間」を「人間を半分に割ったもの」つまり一本足、一本腕、一つ目の巨大な怪物ととった。古代のイエメンに住み、獣を追って一本足で山野を跳びはねていた。着地と次の跳躍にほとんど間をおかず、ためにその速度は驚くべきものであったという。

どうもこれでは言葉遊びのようだが、この生物は単なる言葉遊びから生まれたものではない。ナスナースという名前でこそなかったが、以前からイエメンにいたのだ。

言い伝えによれば異教時代、イエメンの地にシックという男がいた。巫《カーヒン》、つまり異界の言葉を聞き、夢を占い、未来のことを言い当てる術者だった。変わり者が多いのは巫《カーヒン》のつねだが、シックはひときわ変わっていて、体を真ん中から真っ二つにされたよう、頬も手も足も片方しかなかった。だが、その半分の体で、ほかの巫《カーヒン》の誰よりも見事に夢を占い、未来を言い当ててみせたという。

美しい野人

巨人と並んで夢のあるナスナース。十二世紀イランの逸話集『四つの講話』に登場する。

そこで著者ニザーミーは「もっとも下等な動物は何か？　またもっとも高等な動物は何か？」と自らに問い、そして答える。

*「蚯蚓《みみず》ほど不完全なものはいない。それは流れの泥の中にいる赤い虫で、『泥喰い《ギル・ハーレ》』と呼ばれ、トランスオクシアナでは『土虫《ガーク・キルメ》』と呼ばれ、最低の動物である。最高は『ナスナース』である。これはトルキスタンの荒野に棲む動物でまっすぐな姿勢で背丈が垂直であり、幅広い爪を有し、人に非常な愛着を抱き、どこで人を見ても道端に出て来てしげしげと見つめ、人がひとりでいると攫《さら》い、人から受胎するとさえ言われている。それゆえこれは人間に次いで動物の中では最高である」

次いでニザーミーはある人の証言を引用する。

「われわれはタムガーンの方に進んでいた。その隊商には数千頭の駱駝《らくだ》がいた。ある日真昼の炎暑の中を進んでいると、砂丘に一人の女が立っているのを見た。それは頭に被り物も付けず、裸身できわめて美しく糸杉のような背丈、顔は月のようで、長い髪をし、われわれを見つめていた。そしていくら話しかけても答えなかった。われわれが近づくと、逃げだし、どんな馬でも追いつけぬほどに逃走した。われわれの駱駝引きだったトルコ人たちが言った。『あれは野生の人間で、ナスナースと呼ばれている』」[*二]

一度生まれた言葉は、いろいろな考えをとり込んで、ひとりでに育っていく。半人間ナスナースのさまざまな姿は、その一例といえるだろう。

＊一　『ペルシア逸話集』黒柳恒男訳、平凡社。
＊二　同書。

霊鳥

世界のいたるところで、鳥はしばしば異境の使いとされる。ローマ人は飛ぶ鳥の数をみて吉凶を占った。日本人はカラスを熊野権現*1の使いと呼んだ。そしてイスラム世界でも、鳥はこの世のかなたから飛んでくる。宝玉を一羽の鳥にさらわれ、これを追ううちにとんでもない異境に迷い込むという話は民話にも、また『千一夜物語』のような説話集にも多い。

それらの鳥のなかでも、ことに偉大な力を有するもの数羽をここにあげる。

スィームルグ

イランの伝説中の鳥。中世イランの叙事詩『王書』をはじめとして、多くの民話、伝説、詩に登場する。

中世の写本からみるに、その姿は猛禽《もうきん》に似て、鉤のように曲がった獰猛《どうもう》なくちばしをもつが、ただ羽根の色は孔雀のように多彩である。尾は三筋に分かれて長く伸び、これまた美しく彩《いろど》られている。

住むところはイランのエルブルズ山の頂とも、またカーフの山（この世のはてをぐるりととりまく山脈。四十六ページ参照）の頂ともいう。

この鳥は恩にあつく、人の情を解する。

ある民話では、七層の地下の王国に落ちた若者が、スィームルグのひなが大蛇に襲われているのを助ける。スィームルグはお礼に彼を地上に送り届けようというが、飛びゆくほどに七頭の牛の肉を食べ尽くし、七頭の牛の皮袋の水を飲み尽くし、ついに飢えに苦しむ。そこで若者はやむなく自分の腿の肉を切りとってスィームルグの口に入れた。だがスィームルグはそれと察して肉を呑み込まず、口のなかに入れたままにしておいた。そして、地上に降りた若者が歩行に困るのを見て、肉を腿に返してやったという。

霊鳥とザール

また『王書』ではこの鳥が英雄サームの子ザールを助け育てる。

ザールは生まれたときからまったくの白髪だった。サームは異形の子を見ていたく恥じ入り、ザールをエルブルズの山中に捨てさせた。そこでは陽光に灼かれて黒くこげた岩ばかりが、すばる星に達せんばかりにそびえていた。

だが、この山の頂にはスィームルグが巣をつくっていた。巣は巨大な黒檀、白檀、そして香り高い沈香の木を集めてできたもの。泣き叫ぶ赤子を見て哀れに思ったスィームルグは、これを巣に運んで、ひな鳥とともに育んだ。赤子は乳の代わりに獣の血を吸って育ち、たくましい若者となった。

のちにザールの父サームは、山に白髪の若者が住むという噂を聞き、これこそわが子よと思いいたった。自分のむごい仕打ちを悔い、息子を迎えに山へ向かった。

そこでスィームルグはザールを父に返そうとするが、ザールは聞き入れず、霊鳥とともにいたいといった。スィームルグはザールに説いて言う。

「試してみるがいい、自分の運命を。おまえと別れるのは憎いためではない、王国を渡してやりたいからだ。私の羽根を一枚やろう。困ったことがあったなら、これを火にくべるがいい」

こうしてザールは地上に下り、さまざまの功業をなし遂げるが、どんな苦難にあってもスィームルグの助けを求めようとはしなかった。

だが妻が難産に悩むにいたって、自分のためではなく妻のために、ついに羽根を火にくべることにした。たちまち一面が暗くなり、天空をおおって巨大な鳥が舞い降りてきた。現れたスィームルグは言う。

「おまえの子は偉大な男になろう。だが神の御意思により、この子は尋常の方法では生まれはしない。妻を酒に酔わせて脇腹を裂き、そこから子をとり出すがいい。そののち、

これこれの草を乳とジャコウですりつぶし、日陰で乾かして妻の脇腹の傷口に塗れ。そしてわが羽根の一枚を傷にこすれば、傷はたちまち癒えるであろう」

そう言って、一枚の羽根を残して飛び去った。こうして生まれた子が『王書』最大の英雄ロスタムである。

このときスィームルグの残した羽根は、傷を癒すのに使われただけではない。のちにロスタムもまた、絶体絶命の危機にこの羽根を焼き、助けを求めるのだ（二百五十ページ参照）。

アンカー

ギリシア人はアラビアにはフェニックス（不死鳥）が住むといったが、そのアラビアには古来、アンカーという霊鳥の伝説があった。あいにく、そのころの伝説については、詳しいことはわかっていない。イスラムの大征服以後は、しばしばイランの霊鳥スィームルグと同一視されるようになった。それは長い尾をもち、しばしば人語を解し、民話の主人公を助けるのだった。

なお、イランのシーア派の一部は「アンカーは隠れイマーム（いつの日か現れるという救世主。二百四ページ参照）が仮にとる姿の一つである」と説く。

面白いことに、シーア派を奉じるファーティマ朝（二百二十ページ参照）の庭園には、この霊鳥が飼われていたという。アオサギの一種だろうという説もあるが、真偽のほどは定かでない。

ルフ

ロックともいう。『千一夜物語』、マルコ・ポーロの『東方見聞録』、イブン・バトゥータの『三大陸周遊記』等に登場。

ザンジの海（インド洋）やシナの海（南シナ海）には、潮のかげんで人々がめったに行きつけぬ島々がある。それら異境の島々に、さらに南の未知の土地から、ときとしてルフと呼ばれる巨鳥が飛来する。

その姿はワシに似るが、ただもうむやみに大きい。翼の雄大なることは太陽をも隠すほど。象をつかんで空高くあがり、地上に落として殺し、これをひな鳥どもに餌として与える。

その卵は円屋根の建物のようで、高さはゆうに五十メートルを超す。ある物語では飢えた人々が、手斧や石くれや棒で卵のからをせっせと叩きこわし、なかのひな鳥の肉を料理して食ってしまう。これを食えば白ひげの老人もたちまち若返り、以後は絶えて白髪の生えることがない。

だが、気をつけねばならない。ルフはたいへん子供思いで、卵に手を出したものを許さない。船で逃げようとしても、巨大な雲塊のように追いすがり、泥棒どもの船めがけて、船よりなお大きな巨岩を投げ落とすのだから。

◉象の年の鳥

伝説によれば、ちょうどムハンマドの生まれた年のこと、エチオピアの王がメッカの繁栄をねたみ、口実をつくって大軍を率いて攻め寄せてきた。

このときエチオピア軍は象を連れていた。象などみたこともなかったアラブ人たちは、その巨大な姿に驚き恐れた。このため、アラビアではこの年を「象の年」と呼ぶ。

だがいよいよメッカ入城という日に、ツバメのような鳥が、天をおおうほどな大群でやってきた。鳥は、おのおの焼いた粘土のつぶてを、右足に一つ、左足に一つ、クチバシに一つ、つごう三つ運んでおり、それを雨と降らせた。

エチオピア人がその石に打たれると、当たった部分に疱瘡《ほうそう》ができ、それが恐ろしい疫病のもととなった。こうして彼らは「喰い荒らされた藁《わら》くずの如くに」なったという。

焼いた粘土というのは天使の武器でもある（七十九ページ参照）。どうやら、この鳥は神の遣わしたものであったらしい。

スィームルグ異聞—鳥の言葉—

十三世紀イランの詩人アッタールは、霊鳥スィームルグを主題にして『鳥の言葉』という長詩を遺している。

あるとき無数の鳥《ムルグ》たちが、鳥の王者たるスィームルグにひと目会いたいと思い、ヤツガシラを先達としてカーフの山を目指す。危険な七つの谷を渡り、途中あるものは海におぼれ、あるものは獣のえじきとなり、あるものは灼熱の太陽に倒れる。目ざすカーフの山にたどりついたのは、わずか三十《スィー》羽であった。まばゆい光のなか、ようやく首をあげてスィームルグの姿を見ると、そこには長らく思い描いていた霊鳥ではなく、自分たちと寸分違わぬ三十羽の鳥《スィー・ムルグ》がいるばかり。これはいかにと思料《しりょう》するに、神は鏡のごときもので、人はそこに己の姿を見て、己と神との合一をなしとげるのだと覚った。[*二]「かくして鳥たちは影が陽で消えるように神なる不死鳥と合一した」

この詩は神との合一をめざす神秘主義者《スーフィー》の修行を扱ったものというが、純粋な物語として読んでも面白い。鳥や獣のはるかな旅の物語は、昔から子供や大人を楽しませてきた。近年の児童文学にも多くの傑作があるが、『鳥の言葉』はそのさきがけともいえよう。

＊一　権現は仏が化身してわが国の神として現れたもの。なかでも有名なのが和歌山県の熊野三社にまつられた三人の権現である。

＊二　『ペルシア文芸思潮』黒柳恒男著、近藤出版社。

駿馬

アラビアの駿馬は古来名高い。やや小柄ながら持久力に優れ、頑健無類である。イスラムの大征服も、これらの名馬あってこそだった。

アラビア馬のおこりについては、古くから二つの説話がある。

一つはイブラーヒーム（アブラハム）の子、アラブ人の祖イスマーイール（イシュマエル）に関するもの。アッラーはこの人に特別の恩寵として馬を馴らし育てる技を教え、この人は大いに名馬を育てたので、アラビアには今のごとく見事な馬が多いのだという。

もう一つは名高いスライマーン（ソロモン）王に関するもの。イエメンのアズド族はスライマーン王の噂を伝え聞き、王国の豪奢をひと目見ようと使節を送った。寛大な王はこれに応えて、それは見事な一頭の駿馬を贈ったが、これこそすべてのアラビア馬の祖であるという。

いずれにせよ、馬はイスラム世界の人々にとって欠くべからざるものだった。日本語は雨の種別を百の言葉で表すが、アラビア語は馬やラクダの種別を百の言葉で表す。それだけ人々の暮らしに密着したものなのだ。それらの馬のなかでも、ことに霊妙不思議な数頭の名を以下にあげる。

❁天馬《ブラーク》

ムハンマドは生涯、ただ一度しか奇跡を行わなかった。それが「夜の旅」である。ある夜、彼は天使ジブリールに導かれてメッカのカアバからはるかなイェルサレムに旅し、さらに天に昇って神の御前にひれ伏してのち、またメッカに戻ったという。このとき彼を乗せたという天馬がブラークである。

古い説によれば、ブラークの姿は馬というよりロバかラバに近く、体は細長く毛並みは純白、長い耳は細かくふるえている。なかなかかわいらしい姿である。ムハンマドはこれに乗ってメッカからイェルサレムまで地上を駆け、そののち光のはしごで天に昇ったという。だが後世には人面有翼、空を自在に駆ける天馬となった。これで馬からはしごに乗りかえる手間がはぶけたわけである。

❁海の馬

『千一夜物語』に登場。はるかな南方には海中の王国があり、海の王は地上の馬とは比べものにならない駿馬を飼っている。そこで王国に近い島の人々は、島のみぎわにうら若い処女の雌馬をつないでおく。駿馬が海からあがってきてこれと交合したところをみはからい、大きな音を立てると、駿馬は海中に逃げてしまう。やがて月満ちて、雌馬は見事な仔を産み落とすのである。

黒檀の馬

『千一夜物語』に登場。これは数ある駿馬のなかでも変わりだねで、血肉ではなく機械でできている。人間がこれにうちまたがれば、またたく間に世界のいずれの国にも行くことができる。右肩にあるオンドリのとさかのようなねじをひねると、馬はわずかにふるえてから空高く昇り、左肩にある同様のねじをひねると下降する。

空飛ぶ馬の伝説は各国にあるが、そのなかで黒檀の馬がひときわ変わっているのは、翼や魔法ではなく純然たる機械仕掛けで飛ぶことである。平凡社東洋文庫版『アラビアン・ナイト』（前嶋信次訳）の後書きによれば、中世イスラム教徒の機械技術はなかなかのものであり、この物語はそうした時代に生きた人々の「こういうものを作ってみたい」という夢の表れであったろうという。

ラクシュ

『王書』の英雄ロスタム（二百四十四ページ参照）の乗る巨大な駿馬。全身にすっかり斑《ふ》があって、サフランの白にバラの赤を散らしたように見える（サフランの白というのは、わずかに紫をおびた白というほどの意味でもあろうか）。勇士ロスタムの巨体と巨大な鎚矛を軽々と運び、ときに水のように輝き、ときに火のように激する。激すれば獅子の頭を蹴り割り、竜の首すじを噛みちぎる。

年若いロスタムは、まだ仔馬だったラクシュを手ずから投げ縄でとらえ、自分の乗馬とした。以来、無類の勇士と無類の馬はあらゆる冒険をともにする。そしてロスタムが落とし穴に落ちて無数の槍に貫かれたとき、ラクシュもまた、ともに貫かれて絶命した。その死体は穴から引きあげるだけで二日かかり、象に積まねば運べぬほどであったという。

❂カルカダン

一角獣。中世の画によれば、その姿は馬のようにも鹿のようにも見え、細身で均整のとれたつくりである。だが角は太く、巨象をひと突きで刺し殺す。背には細い翼があり、よく人語を解する。

伝説によればチンギス・ハーンが西征してイスラムの諸都市を焼き、さらにははるかインダス河畔に戦った際、この獣が現れ、人語をもって帰国を勧告したという。

また、『千一夜物語』のなかにもカルカダンが登場する。名高い航海者シンドバードは、あるとき南の島で奇妙な生きものを見た。ラクダほども背の高い獣で、額には一本の長大な角。カルカダンがこの角で巨象を刺すと、象は絶命するが、その脂は角をつたってカルカダンの目に入り、これを転倒させる。二頭の巨獣がともに倒れているところに巨鳥ルフが飛来、両者をかぎ爪でつかんで、ひな鳥のえさにもって帰るのだという。

ザックームの木

ザックームの木。それは地獄の底に生えた妖怪の木である。その実は一つ一つが悪魔の生首であり、罪人たちはこの恐ろしく苦い実をむりやり食わされる。

ザックームというのは、もとは実在の植物である。アラビア西部の海岸平野に生えるイバラの一種で、実がきわめて苦いため、それで地獄の木とされたものらしい。だがコーランを読む後世の人々の脳裡には、悪魔の首を鈴なりにつけた巨大な木の姿が浮かんだことだろう。

イスラムの地獄

イスラム教の開祖ムハンマドは、啓示を受けて間がないころは、おそろしく張りつめた言葉で語った。心臓が早鐘を打つようなリズムで、激しい言葉を拳のように打ち出すのだった。このころの啓示はコーランの後半部分に収められており、われわれ東方の異教徒には、それは呪文とすら聞こえる。ときが経つにつれ、彼はもっと優しいゆるやかな言葉で教えを説くようになるのだが、それはあとのはなし。

ムハンマドは、ふしぎに美しい誓いの言葉のあとで、最後の審判の恐ろしい光景を語った。そして天国よりも地獄のさまを語るほうが多かった。

その地獄は名をジャハンナムといった。ヘブライ語のゲヘナ（地獄）が訛《なま》ったものである。それは七つの門をもつ巨大な穴で、咆哮《ほうこう》と怒号《どごう》に満ち、黒煙と真っ赤な炎に包まれている。そのなかで罪人たちは、ザバーニーヤ（八十一ページ参照）と呼ばれる十九人の天使によって以下のような責め苦を受ける。コーランの文章をそのまま引用すれば、……。


「さ、（天国で）このように歓待されるがいいか、それともザックームの木がいいか。これは、悪者どもの責苦としてとくに我らがしつらえたもの。これは、地獄のどん底に生える一本の木。その実はあたかも悪魔の頭。みんなそれを食わされて、腹は一杯。そこへ今度はぐらぐら煮えたぎるお汁を飲まされて、あげくの果てには間違いなく地獄行き」

「見よ、このザックームの木。これが罪ふかい者の食物《くいもの》。どろどろに熔かした銅のように腹のなかで煮えかえり、熱湯のようにぐつぐつ煮え立つ」

「お前たち邪道にはしって（神兆を）嘘よばわりした者どもは、ザックームの木の実を喰らい、腹がはち切れそうになったところへ、今度はぐらぐら煮えた熱湯を飲まされる。渇き病にとりつかれた駱駝さながらに飲むであろうよ。これが審きの日の彼ら相応のおもてなし」

これが地獄であり、これがザックームの木である。

たしかにこれは恐ろしい責め苦である。だが後世になると、ジャハンナムごときは地獄のほんのとば口に過ぎないと説く人も現れた。

『千一夜物語』によれば、この世の上には七層の天があり、この世の下には七層の地獄がある。地獄の一つの層から次の層までは一千年の行程で、この第一の層をジャハンナムといい「ついに悔い改めることがないままで死んだイスラム信徒中の反逆の徒」（つまりイスラム教徒の悪人）を収めるためのものである。最下層なる第七の地獄は偽善者のためのものだという。

◎もう一本の木

地獄の真ん中に木があるように、天国にも特別な木がある。その名を「高ききわみのシドラの木」といい、第七天の端を示す木で、アッラーの御座のすぐ下にある。この木にも実がなるが、ザックームと違って美味である。なるのはナツメとも、ナツメヤシとも、ザクロとも、すべてを忘れさせるロートス[*一]の実ともいう。

だがこの木のふしぎなところは、実ではなく葉のほうにある。シドラの葉の一枚一枚には、この世に生きる人間の一人の名前が記されている。ある人の死期が近づくと、アッラーは御座の下の木からその人の名の書かれた葉を落とす。死の天使アズラーイールはその名を読み、きっかり四十日後にその人の身体から霊魂を引き離さねばならない。

いくつかの民族は、一本の巨大な樹の伝説をもっている。それを世界樹という。イスラム世界にそれはない。その代わり、この世は二本の木の間にあるともいえるのだ。

＊一　ギリシアの伝説に登場する空想上の植物。その実を食べると夢ごこちの忘却状態になるとされた。

蛇と竜

蛇は爬虫類の一種である。手足をもたず、長い体をくねらせて進む。舌は細長く、先端が二つに分かれている。脱皮を繰り返して成長する。

古来、蛇はほかの生物と違って死ぬことがなく、脱皮のたびに新しく若返ると信じられていた。今なおイタリア語には「蛇よりもなお年寄りの」という言い回しがある。蛇はしばしば永遠の生命の象徴とされた。

しかし一方では、その冷たい目や毒によって恐怖の対象ともなった。「この世のはじめ、不死の霊液が人間のためにつくられたが、蛇はこれをかすめとって不死となった」という伝説は世界各地にある。ユダヤ・キリスト・イスラム教の「楽園喪失」の神話もここからきた。それによれば、はじめアダムとイヴは楽園で幸せに暮らしていたが、蛇がやってきて彼らを誘惑し、神が食べてはならぬと言った智慧の木の実を食べさせてしまった。こうしてアダムとイヴは楽園を追われ、この地上で生きていくことになった。そして、この蛇こそサタンであったという。以来、一神教の民話や伝説では、蛇はあまりいい目を見ない。

　イスラム教の伝説によれば、かつて蛇はラクダに似た足をもち、あらゆる獣のなかでもっとも美しい姿をしていた。だが悪魔イブリースと知りあいだったのが運のつき。悪魔に頼まれて彼を口中に隠し、エデンの園に入れてやったがために、神罰を受けて足をとられてしまい、今のように這いずるようになったのだという。

　さて、この話は二つの連想を導いてくれる。

　第一の連想。足をとられてから蛇はどうなったか。

　第二の連想。足のある蛇とは、それは竜のことではないか。

くちなわの女王

　第一の連想に対する答え。ひょっとすると、あの蛇は足をとられただけでなく、地獄まで落とされたのではないか。

　『千一夜物語』に「くちなわの女王の物語」という話がある。中世イスラム教徒が信じていた宇宙の構造を説き明かしてくれる、興味のつきない一編である。この物語によれば、地獄には無数の蛇がいるのだ。

　物語によれば……。

　ある男、ふとしたことから地下の洞窟に迷い込み、いくほどに蛇の国に出た。広々とした湖水の岸にエメラルドの丘があり、丘のてっぺんには黄金の玉座、玉座のまわりには一万二千脚の巨大な椅子があった。

丘の斜面で眠りにつき、やがて目を覚ますと、なんとそれぞれの椅子に五十メートル以上の大蛇がとぐろを巻いているではないか。気がつくと、湖のなかにも無数の小蛇が泳いでいる。

思わずふるえあがっていると、一匹の大きな蛇が、背に黄金の盆を載せて近づいてくる。盆の上には水晶のようにかがやく人面の蛇が鎮座していた。これぞ蛇族の長たる「くちなわの女王」であった。

女王は思いのほか心優しいおかたで、男は大蛇どもにとって食われることもなく、かえって福運を得るのだが、それは別の話。

そもそもなんでこんなところに蛇の国があるのかというと、話せば長くなるのだが、彼女たちの本来の住みかは地獄《ジャハンナム》であった。

地獄というものはふだんは密閉されているが、年に二度だけ一息つく。地獄がぐらぐらと煮え立ち熱気が極度に達すると、ふーっと息を吐きだすのだが、そのとき蛇が飛び出して、地上と地獄の間にあるこの洞窟にいたるのだという。半年が過ぎてこんどは息を吸い込むと、蛇たちはまた地獄の腹のなかに収まるのである。

では、半年の間、地獄はからっぽになるのか？　心配はいらない。この洞窟にいる五十メートル級の面々は、地獄の蛇のなかではもっとも小さなほうで、なればこそ地獄の息で飛ばされるのである。普通の蛇はもっと大きく、この洞窟にいる蛇がその鼻の上を這っていっても、相手はまるで気づきもしないという。

だが、なかでもことに大きな蛇は、地獄のなかではなく、地獄よりもさらに下にいる。それが「ファラクおろち」である。

ファラクおろち

天は七層からなり、地獄もまた七層からなる。七層の地獄の下にはファラクという名の大蛇がいる。

『くちなわの女王の物語』のなかで天使の語るところによれば、くだんの蛇がもしアッラーを畏怖しているのでなかったならば、必ずや己の上にある全世界を呑みこんでけろりとしているであろうという。また、天使が続けて語るところでは、蛇はアッラーから「最後の審判の日まで」という約束で地獄をあずけられ、これを呑み込んで腹のなかで大切に保存しているのだともいう。

話を聞くと、どうも地獄は蛇の腹のなかにあるようでもある。

竜

さて、イブリースと蛇の物語から導かれる第二の連想。足のある蛇とは、それは竜のことではないか。

竜。想像上の生物である。その姿はトカゲか蛇のようで、四本の足、堅固な鱗《うろこ》、するどい爪と牙をもつ。

翼をもち空を飛ぶもの、翼がなく空を飛ばないもの、翼はないが雲に乗って空を飛ぶもの、口から火を噴くもの、毒を噴くもの、魔法を使うもの、使わないもの、善良なもの、邪悪なものなど、さまざまな竜が世界じゅうの神話・伝説・民話に登場する。

だが（これは半分冗談だが）神さまに足をとられてしまったせいか、アラビアの民話に竜はあまり出てこない。中東で竜の話を語り続けてきたのは、むしろペルシア人である。では、彼らの竜の話にとりかかろう。まずはイスラム以前、ペルシア人がまだ*拝火教《はいかきょう》を信じていたころにさかのぼることをお許しねがいたい。何しろ竜というのは古い古い生きものなのだ。

イスラム以前の竜

インドとイランの神話は、もとは一つのものだった。その神話のなかに、「あるとき悪い竜が天の水をひとりじめにして、日照りで世界じゅうを苦しめるが、ついに神もしくは英雄に倒される」というものがあった。

インドでは、軍神インドラが悪竜ヴリトラを倒すことになった。ヴリトラ以外の竜は、インド神話にはそれほど出てこない。

一方イランでは、この話から無数の竜が現れた。メソポタミア文明との接触のせいかもしれない。何しろメソポタミアでは無数の民族が、無数の竜の話を語り伝えていたから。

ともあれ、イランにはたくさんの竜が生まれた。

ある竜はこの世とともにつくられ、燃えるように赤く、冬の酷寒をつかさどった。ある竜はこの世のどこかにある道を守って、一切の容赦なく馬を倒し、人を倒し、人を殺した。ある竜は何度も何度も月を食らい、月の満ち欠けをひきおこした。どれもこれも、よくて冷酷、わるければ残忍邪悪な手合いだった。

なかでも名高い竜が三頭いた。

アジ・ダハーカ

三つ首竜。アヴェスターによれば「三口あり、三頭あり、六眼あり、千術あり、いとも強く」この世の七つの大悪の一つであった。勇士スラエータオナがこれを討ち、竜に捕らわれていた二人の美女を助けだした。

アヴェスターの記述はごくあっさりしたものだが、ササン朝ペルシアの文献になると、

もっと精彩豊かな記述がある。この時代になると、スラエータオナはフレードーンと名を変えている。
　フレードーンは悪竜と相対するや、まず棍棒で竜の肩を打ち、次いで心臓、さらに頭蓋を強打した。だが竜は倒れない。そこで彼は剣を抜き、三度切りつけたが、そのたびに切られた部分は毒虫や害獣に変じた。
　これを見て善神アフラ・マズダは言う。

「切るをやめよ。さもなくば、この世はトカゲその他のおぞましき生きものに満ち満ちてしまう」

そこでフレードーンは竜を切るのでなく、鎖につないでデマーヴァンド山に封じ込めたのであった。

後世、この竜は見事な変身をとげた。

アジ・ザイリタ

馬を呑み、人を呑んだ黄竜。角があり猛毒をもつ黄色の竜で、その背には黄色の毒が槍ほどの高さに積もっていた。勇士クルサースパがこれを退治した。

拝火教の聖典アヴェスターによれば、クルサースパは間違ってアジ・ザイリタの背の上で休み（おそらく丘か何かと思ったのであろう）、昼食をととのえはじめた。竜は煮炊きの熱に耐えかねて汗を流し、ついにおきあがる。鍋はくつがえり、クルサースパは仰天して一度は逃げたが、のちに立ち戻ってこれと戦い、倒したという。

ササン朝期の文献によれば、アジ・ザイリタの牙は勇士の腕ほど、眼は馬車ほどもあった。キルサースプ（クルサースパ）は竜のしっぽから竜の頭まで半日かけて走り、鉤矛《かぎほこ》で首筋を一撃してこれを倒した。

ガンダレワ

海竜。黄金のカカトをもつ。普段は大海のただなかに住むが、ときとして人々を苦しめるために岸辺にあがる。これもキルサースプに退治された。

ササン朝期の文献によれば、この竜はあまりに大きいので、一口で十二の地方を呑みこむほど。大海もその膝までを濡らすに過ぎず、首は太陽に届くほどであった。

キルサースプはこれに挑むが、竜は勇士の鬚《ひげ》をとらえ、海に引きずり込んだ。海中で戦うこと九日九夜、ようやくキルサースプは竜の足をつかみ、足から頭まで皮をはいで、その皮で竜をぐるぐる巻きに縛りあげた。わざわざ足から皮をはいだのは、思うにカカトだけが弱点だったのではないか。

さて、精も根もつきはてたキルサースプは、戦友に竜の見張りをたのみ、十五頭の馬を平らげたのち、木陰で泥のように眠った。

彼が寝ているひまに、かの海竜は恐ろしい力でキルサースプの戦友、妻、両親をみな海に引きずり込んでしまった。

人々は勇士をおこして急を告げる。キルサースプは立ちあがった。一歩で人の千歩ぶんを歩み、海に歩み入って捕らわれの人々を助け、海竜を取りひしぎ、ついに打ち殺してしまったという。豪快無比の話である。

◉蛇王ザッハーク

三つ首竜アジ・ダハーカの話は、語りつがれるうちに目ざましい変化をとげた。

アジとは蛇や竜のことだが、ダハーカという語の意味は定かでない。ある人はダーサ（インドラの敵）だというし、またある人は「巨大」という意味だという。だが、ある人は「人間」という意味だという。してみればアジ・ダハーカとは、蛇人間という意味になる。

しかも、この竜は好んで妖術を行い、また母と愛しあったともいう。どちらも獣よりは人間のやりそうなことであった。これらの要素が重なって、アジ・ダハーカはだんだんと竜から人間に変わっていった。やがてアジ（竜）という称号もとれ、ただのザッハークと呼ばれるようになった。

その後、イランはイスラム教徒に征服され、イスラム教の国になった。拝火教は廃《すた》れ、忘れられた。今は世界じゅうに十万の信徒しかいない。

だが、一つの民間伝承を根絶するのは、一つの宗教を根絶するほど易しくない。イラン人は相変わらず竜やザッハークの物語を語り続けた。中世イランの叙事詩『王書』にも、ザッハークは登場する。

アラビアの国にザッハークという王子があり、勇敢で大胆で軽率であった。あるとき悪神アハリマンは、人間に化けて王子の友となり、そして耳打ちする。

「父を殺して王となるがいい」

「だが、どうやって？」

むろんアハリマンに抜かりはない。信心深い父王は、晩のたびに庭に出て祈りを捧げることにしていた。アハリマンはその通り道に落とし穴を掘り、見事王をなきものにする。

次いでアハリマンは第二の変身をとげ、料理人となってザッハーク王の前に現れる。当時食物は変化にとぼしく、おかずはもっぱら野菜だった。そこで料理人は、まず卵の料理をつくって王にぜいたくの味を覚えさせ、次いで鳥を、羊を、ついには牛の肉を供する。すっかり満足したザッハークは料理人に言う。

「何なりと望みを言うがいい」

「何の望みもございませんが、ただ王さまの両肩に口づけさせてくださいませ」

口づけして、悪神は消えた。王の両肩からは二匹の黒い蛇が生えた。王は四方に治療方法を求め、ついに蛇を切りとった。が、切っても切ってもまた生えてくる。

ここにアハリマンは三たび人間の姿となり、医者に化けて王に近づいて言う。

「切り取ることはありません。餌を与えてなだめなさるがいい。人間の脳がよろしい。そうすれば、やがて蛇はひとりでに死にましょう」

以後、王は罪なき人を次々と殺しては蛇の餌にし、やがてはイランを征服する。その暗

黒の治世は長きに及ぶが、やがて勇士ファリードゥーン（フレードーン）が立つ。彼は蛇王を捕らえ、デマーヴァンドの山中に、鎖に鎖を重ねて縛りあげた。世界はようやく救われたのである。

こうして古代の三つ首竜は、左右両方の肩に蛇の首をもつ人間となり、新たな生命を得た。イラン人でザッハークの物語を知らぬ者はない。一九七九年、イラン革命がおこり国王が追放されたとき、ポスターに描かれた国王の肩には蛇が生えていたという。

叙事詩の竜と竜退治

イランがイスラムに征服されてからも竜の姿のまま生き残った竜も、もちろんいた。イランの叙事詩、民話、伝説は竜に満ちている。

叙事詩の竜は、おおむね頭も口も一つだが、その一つの口をあなどってはいけない。口を開くと地獄そのものが開いたようで、ひとたび息を吐くと恐ろしい火と煙が噴き出す。それから息を吸うと、騎士は人馬もろとも口のなかに吸い込まれ、水中の鰐《わに》や空の鷲《わし》までも吸いこまれる。よくよく口のなかを見ると、吸い込まれた人や獣が死にものぐるいで巨大な牙にしがみついている。

体は山のように大きく、全身をおおう魚のような鱗《うろこ》は、一枚一枚が盾ほどの大きさ。車輪ほどもある眼はらんらんと輝き、あまりに明るいので、夜は星のよう、それどころか陽光を反射する鏡のようにも見える。黒々とした舌を地面に垂らしたさまは、黒い巨木かとみまがうほど。鼻面からも尾からも黄色い毒が川になって流れ、ひとたび歩めば平地も峡谷も震撼《しんかん》する。

たしかにこれは恐るべき存在である。だからこそ、竜を倒したものは勇士と呼ばれ敬われる。

竜退治の英雄たちのうち、数人を以下にあげる。

ガルシャースプ

かつてのクルサースパ。ファリードゥーンが竜退治をやめてからも、彼は竜退治の英雄であり続けた。

叙事詩『ガルシャースプの書』によれば、彼は弱冠十四歳のおり、ザッハーク王から毒竜退治を頼まれた。王は彼を恐れており、ここで亡きものにしてしまおうと思ったのである。この竜はもともと海の住人だったが、嵐を前ぶれにして地上を襲い、シェカーヴァンド山に住みついたもの。

ガルシャースプは毒よけの薬を飲みくだし、勇躍、竜に立ち向かった。矢で喉を射ぬき、口を開いたところに槍を突き立てた。それでも竜は死なない。そこで竜の首をかたどった棍棒をふるい、さんざんに打ちすえると、竜もようやく絶命した。それと同時に、勇士もまた気を失って倒れた。目覚めて「われながら、よくも命があったものよ」と思い、感謝の祈りを捧げたという。以来、彼の戦旗は竜の紋章を帯びることになった。

サーム

英雄ロスタムの祖父。竜を一撃で殺したので「一撃のサーム」と呼ばれる。息子のザールが恋に悩むとき、サームはイランの王に力ぞえを頼むため、一通の手紙を書く。手紙のなかで彼の語る竜退治のくだりは『王書』きっての名文である（二百四十三ページ参照）。

ロスタム

イラン最大の英雄。生涯に二頭の竜を退治した。

一頭目はまだ若年のおり、策を用いて退治した。牛の皮に石と石灰を詰め、竜をだましてこれを食わせると、やがて竜の腹がはじけたのだ。一説では箱のなかに入ってわざと竜に食われ、内側から竜を打ち殺したとも、箱に毒の刃をくりつけたものを食わせて殺したともいう。

二頭目とは旅の途中に出会った。この竜は人語を解し、自在に夜の闇に溶けこむことができた。ロスタムは竜に気づかず安心して眠り込むが、愛馬ラクシュは竜がいることを知り、何度もロスタムをおこす。そのたびに竜は姿を隠し、そのたびにロスタムはラクシュを叱っていたが、ついに気づき、竜と相対した。ラクシュの助けを得て竜の首を切り落とすと、荒野は一面血に染まったという。

イスファンディヤール

老いたロスタムにとって最大の敵となった若者。彼もまた竜退治の勇士であった。自分の姉妹を助けるため、七つの難関を越えて旅する途中、竜に出会い、ロスタム同様に箱のトリックを使ってこれを倒した。

イスカンダル

アレクサンドロス大王。山の頂に住む竜を退治した。五頭の牛の皮をはぎ、中に毒とナフサ（粗製のガソリン）を詰めて竜の前にほうり出すと、それを呑み込んだ竜は苦しみのたうった末に息絶えたのである。

アルダシール

ササン朝の開祖。賢王として名高く、多くのことわざを残した。

あるときペルシア湾に面する城を攻めようとしたが、城は一頭の竜に守られていた。そこで王は竜の口に溶けた鉛と亜鉛を流しこみ、これを殺した。

◉民話の竜

民話にも多くの竜が登場する。叙事詩の竜と似ているが、より高い確率で人語を解し、魔法の力で姿を隠すことができる。このあたり、ロスタムの退治した二頭目の竜に似ている。

民話の竜は泉、井戸、川など水に縁のあるところに住む。地下の洞窟や山中に住むことも多い。

しばしば宝や霊木を守っている。井戸の上にうずくまり、人々に水を使わせないようにしていることも多い。そこで人々は困りはて、美しい娘やお姫さまをいけにえに捧げようとする。幸い、そこに一人の若者が通りがかって、竜退治に乗りだしてくれるのだが。若者は戦う、ガルシャースプやロスタムにも負けないほど勇敢に。竜を切り殺したあとは、おおむね毒気にあてられて気を失うが、だからといって彼を責めることは誰にもできまい。

また、民話の中には親切な竜もいる。主人公をおどかす野獣を食べてしまったり、魔法の贈りものをくれたりする。

こればかりは拝火教の教典にも、中世の叙事詩にもなかったことだ。だが、ひょっとしたら親切な竜は昔からいて、文字になっていなかっただけなのかもしれない。

なにしろ竜というのは、それはそれは古い生きものだから。

＊一　ゾロアスター教ともいう。紀元前十五世紀～紀元前六世紀ごろイランの預言者ゾロアスター（ザラスシュトラ）が整備した宗教。世界は善神と悪神の絶えざる闘争の舞台であると考え、善神の印《しるし》である太陽、星、火などを崇拝する。ユダヤ・キリスト・イスラム教の「最後の審判」「天国」「地獄」などの観念も、もとは拝火教の影響で生まれたものといわれる。

第二夜

英雄の世界

夜の物語のなかには、多くの人気者が登場する。
それにしても、なんとさまざまな人々だろう。
ある者は機知に頼り、ある者は武勇に頼り、
ある者は信仰を力とする。
ある者は一滴の酒も口にせず、ある者は生涯を戦と馬乳酒に明け暮れ、
ある者はもっぱら酒と女におぼれる。
ある者は青春のさなかに死に、ある者は数百年の長寿を保つ。
そんな彼らに、一つだけ共通の点がある。
生涯一つことに打ち込み、決して後悔しないこと。
たぶん、そんな人たちが英雄と呼ばれるのだ。
だから今夜は、英雄の話をしよう。

イブラーヒーム
―純粋ただ一筋―

イスラム教徒にとって、メッカは特別な町である。信徒は一生に一度は必ずこの町を訪れ、カアバ神殿の黒石をおおう布に手を触れることになっている。これを巡礼という。

この黒石への巡礼は、多神教の時代からの習わしであった。だがイスラム教の伝承によれば、そもそもは遠い昔、真の信仰をもった一神教徒がはじめたことだという。

その人の名をイブラーヒームという。聖書にいうアブラハムである。

永遠を求める人

聖書のアブラハムはユダヤ民族の祖である。神はしばしばこの人の前に異様な幻とともに現れ、自ら言葉をかけ、そして契約を交わした。

イスラム教のイブラーヒームは、それ以上の存在である。人々が神を忘れ、多くの魔神を崇めるなかにあって、彼は真実の一神教徒であり、心底神を求める人間だった。

彼の父はほかの人々と同じく偶像を拝んでいた。だがイブラーヒームは、ただの像が神であるということを納得できず、思い悩むほどに、いつしか身は夜の荒野にあった。頭上に一つの星が明るく輝くのを見て、むしろこの星をこそ、わが主と呼ぼうと思った。

だが、やがて星は沈み、イブラーヒームは言った。

「わしは姿を没するようなものは気にくわない」

やがて月が昇り、イブラーヒームは言った。

「これぞわが主じゃ」

だが月もまた沈んでしまった。そして昇ったものは太陽であった。今度という今度は間違いない。太陽にまさるものがどこにあろう。

だが、それもまた沈んでしまった。

かくて彼ははたと悟る。永遠ならざるものはすべて影に過ぎぬ。天と地の王国を創りたもうた、眼に見えぬ御方をこそ崇めようと。

こうして彼は神を愛し、神もまた彼を愛した。彼は神の言葉を預けられた人、すなわち預言者となった。

逸話

イスラム教はユダヤ・キリスト教の預言者たちを認める。彼らはすべて真の信仰（イスラム教）を説いたが、後世の人々がこれを誤り伝え、自分たちの都合のよい宗教にしてしまったというのである。

そうした預言者たちのなかでも、イブラーヒームはとくに重んじられた。コーランの百十四章のうち、彼はじつに二十五の章に登場する。登場の回数ではムーサー（モーゼ）に次ぎ、重要さではムーサーにもひけをとらない。

あるときイブラーヒームは世界で最初の王者、猟人ニムロドと問答した。王は「衆生の生死はあげてわが腕にある。生かすも殺すも、この世のことは、すべてわしの思うままじゃ」と豪語したが、イブラーヒームは応えて言った。

「アッラーは太陽を東から昇らせなさる。おまえさま、この世はすべて思うままとおっしゃるなら、西から昇らせてごらんなされ」

これだけではかなり屁理屈臭いのだが、かつて太陽を拝んだ挿話を思いあわせると説得力が出てくる。

あるとき、イブラーヒームは神の試みにあい、息子をいけにえに捧げる夢を見た。これも神意であろうかと、苦悩の末、涙ながらに息子を地上に転がし、短剣を抜いた。むろん神は人間のいけにえを好まず、ただイブラーヒームがどれだけ自分に忠実かを見てみたかっただけなので、すぐに彼を止め、大いに祝福を贈った。

逆にイブラーヒームが神を試みたこともあって、神はいわれるままに四羽の鳥を生き返らせてみせた。

そして預言者イブラーヒームは、おおいに多神教や偶像崇拝と戦った。あるときは人々が多くの偶像を拝むのを見て、像に向かい「これはこれは尊い神さまがた、こんなに供物が供えてあるのに、なんで食べなさらぬ。おや、なぜに口をおききにならぬのですかのう」と言うや、右手で像を打ちこわしてしまった。おかげであやうく小屋に閉じ込められ火あぶりにされるところだった（この話はコーランにある。恐らくムハンマドはこの話をしながら、いつの日か自分もカアバ神殿の偶像をみな打ちくだいてやりたいものよと思っていたにちがいない）。

再びメッカ

そうして彼は長い生涯の末、息子イスマーイール（イシュマエル）とともにメッカに居を定めた。これはヌーフ（ノア）の大洪水よりもさらに昔、楽園を追われたアーダムがわびしい地上の住まいをかまえた場所であった。イブラーヒーム親子はこの町に見事な神殿を建て、カアバと名づける。そしてメッカの町から世界中の人々に真の信仰を説いたのである。

だが、真の信仰などというものに耳を貸す人は多くなかった。こうして預言者たちのむなしい努力がはじまる。彼らの銘々伝は次の項を参照されたい。

預言者

―聖書とコーランの預言者たち―

預言者イブラーヒームは法を説き、そして迫害された。

それは決して珍しいことではなかった。彼の先にもあとにも、多くの預言者が法を説き、迫害され、そしてむなしく死んだ。イスラム教徒にとっては、聖書とは無数の預言者が迫害され裏切られるさまを描いた悲劇の書にほかならない。

しかも聖書に記録が残ったのはまだいいほうで、無数の人間が名前すら残さずに忘れ去られた。一説では天地開闢《かいびゃく》以来ムハンマドまでの預言者の数は十二万四千人、くだされた啓典（啓示の書）の数は百四冊ともいわれる。

とはいえ、コーランに出る預言者たちは、およそ悲劇の主人公らしくない。コーランを語ったムハンマドは、逆境になるほど奮《ふる》い立つ体《てい》の人間だった。コーランのなかの預言者たちは、自然と彼に似てタフで、彼に似て人間臭くなった。コーランに登場する預言者のうち、おもだった数人の伝を以下にあげる。

■イスラム教とユダヤ、キリスト教の比較

	ユダヤ教	キリスト教	イスラム教
神	ヤハウェ	ヤハウェ	アッラー
預言者	旧約聖書の預言者	旧約・新約聖書の預言者	旧約・新約聖書の預言者 ムハンマド
聖典	旧約聖書	旧約聖書 新約聖書	旧約聖書 新約聖書 コーラン
聖都	イェルサレム	イェルサレム	メッカ メディナ イェルサレム
偶像崇拝	絶対禁止	禁止	絶対禁止

❂ユースフ

聖書のヨセフ。イスラム教では美男の代名詞とされる。コーランには多くの預言者が登場するが、一章がまるまる一人の物語にあてられているのは「ユースフ」の章だけである。

ユースフは兄弟のなかでも特に父に愛されていた。兄たちはこれをねたみ、荒れ野で井戸のなかに置き去りにしてしまった。父には「ユースフは荒れ野で狼に食われてしまいました」と報告する。幸いユースフは通りがかった人に拾われたが、彼らはユースフを奴隷として売りとばしてしまった。

彼を買いとったエジプト人は、妻にこう言った。

「お前、この子に優しくしておやり。何かの役に立つかもしれんし、また場合によっては養子にしてもいいではないか」

こうして彼はすくすく育ち、一人前の男になった。それも見事な美男になった。

奥方はいわれた通り、彼に優しくした。優しい気持ちがつのったので、あるとき彼を自分の部屋に呼び、部屋の戸をぴしゃりと閉めて「さ、いらっしゃい」と言った。

「とんでもないことを」

ユースフは逃げた。奥方は追った。戸口でユースフの衣を捕らえ、引っ張りあううちに、衣の背がちぎれた。そこへばったり主人が来あわせる。

いけしゃあしゃあと奥方は言った。

「あなた、ユースフが私にわるさを」

主人は困った。そこへ一人の知恵者が言う。

「ユースフの衣を調べてみなされ。もし前が裂けていたら、ユースフが挑みかかったも

の。後ろが裂けていたら、ユースフは奥方から逃げていたもの」

調べてみると衣は後ろから引き裂かれている。主人はからからと笑って言った。

「ははあ、お前ら女どもの悪だくみだな。いや、まったくお前らはひどい悪だくみをするものだなあ」

だが、主人が許しても世間は許さない。奥方がユースフを誘惑したことを、世の女たちは悪《あ》しざまにないしょ話をする。そこで奥方は宴を設けて女たちを招待した。一同が食べものを切り分けようとナイフを取りあげたとき、奥方はユースフを呼んで給仕役をいいつける。ユースフが進み出るのを見るや、人々はその美貌に感嘆し、思わず手を切ってしまった。口々に言う。

「あれえ、これは人間じゃない。どうみたって、たしかに貴い天使さまだ」

奥方は笑って言った。

「ね、この人なのよ」

コーランは堅苦しい書物と見られがちだが、この段はピカレスクの傑作といえよう。

ムーサー

聖書のモーゼ。昔ユダヤ人たちはフィルアウン（ファラオ）治下のエジプトで奴隷となり、しいたげられていた。ハーマーンというペルシア人がエジプトの宰相となってからは、迫害はいっそうひどくなった。

そんななかでムーサーだけは、ユダヤ人でありながらフィルアウンの妃に拾われ、幸せに育てられた。口べただが信用できる若者で、がっしりした体をもっていた。だが……。

あるとき、青年ムーサーは都でエジプト人とユダヤ人の喧嘩にいきあい、ユダヤ人に助けを求められる。弱い者に味方するくせが出て、思わずエジプト人をしたたかに殴りつけ、息の根をとめてしまった。

「いかん、思わずやってしまった。きっと悪魔のそそのかしだ。まったくあれは人を惑わす悪いやつだ」と後悔はしたが、次の日また都に出てみると、昨日の男がまたもエジプト人にいじめられ、助けを求めてくる。思わずかっとなり、エジプト人を殴ろうとすると、相手が言うのだ。

「きのう一人殺したばかりで、今またわしを殺すつもりか。お前はただやたらにこの国で乱暴狼藉はたらきたいだけなのだな。公正な振る舞いする人間にはなりたくないのだな」

痛いところを突かれ、思わず手を止めたところへ、一人の男が駆けてきて言う。

「おい、ムーサー、大変だ。長老たちがおまえを殺そうと相談しているぞ。早く都の外へ逃げろ」

きのうの一件が露見したにしても、あまりといえばあまりな仕打ち。ムーサーはすっかり絶望した。思わず「主よ、この悪逆の民から私を救い給え」と口走りながら都を逃れた。いくほどにマドヤンという荒野の水場に出た。そこで二人の娘が羊の群に水をやるのを手伝うと、娘たちの父が礼をしたいといった。ムーサーがことの経緯を話すと、男はムーサーをすっかり気に入り、娘の片方を嫁にやろうとまでいった。

「ただしそれにはお前が八年間だけわしに奉公してくれることじゃ」

ムーサーは話に乗った。八年が経って、ムーサーは一家の主となり、遊牧の生活を送っていた。

どうもここまでは聖書より『水滸伝』に近いが、ここからやっと宗教書らしくなる。

あるときムーサーは家族を連れて荒野を旅していて、遠く火が燃えるのを見た。火を分けてもらおうかと一人いってみると、それは灌木の茂みがひとりでに燃えているのだった。声がした。

「これ、ムーサー、わしこそは汝の主であるぞ……」

こうして彼は預言者となり、神のお告げをもってエジプトに帰った。エジプト王フィルアウンを悔悟《かいご》させるために。

だがフィルアウンは聞かない。「我々をだましてご先祖様から伝来の信仰を捨てさせ、あわよくば権力を奪おうとてやってきたのだな」と言うのである。これこそメッカの人々がムハンマドに投げた言葉と同じものだった。

ムーサーは多くの奇跡を示し、また、フィルアウンお抱えの妖術師たちと術くらべをして勝った。妖術師たちは感服して回心したが、これは王をかえって怒らせ、妖術師たちは処刑されてしまう。ムーサーはやむなくユダヤ人たちを連れてエジプトを脱出し、紅海を二つに割って逃れた。追いすがるフィルアウンの軍勢はみな海に飲まれた。

ムハンマドはメッカ脱出以前から、何度もこの話を語って聞かせている。ひょっとするとヒジュラ（十八ページ参照）を決意したとき、彼の脳裏には「偉大な先達《せんだつ》」ムーサーの姿があったかもしれない。

ムーサーの杖

燃える潅木の陰で啓示を受けたとき（百五十五ページ参照）、ムーサーは神に問われた。

「その右手にもっておるものは何か」

「杖でございます。これに寄っかかったり、これで羊に木の葉を叩き落としてやったり、そのほかまだいろいろ使い途がございますので」

いかにも沙漠の人間らしい、現実的な答えだった。だが神は言う。

「これ、ムーサー、それを投げてみい」

投げれば杖はたちまち蛇に変わった。以後、ムーサーはフィルアウンの御前で何度もこの奇跡を示す。エジプトの妖術師たちと術比べをしたときは、妖術師たちが杖や縄を投げて蛇にしたものを、この蛇がみな呑み込んでしまった。

後世、この杖には無数の伝承が加わった。それによれば、この杖はアーダムがエデンの園からもち出したもので、歴代の預言者たちがこれを使った。それは闇のなかでは光り、大地に突き立てれば果樹となって無数の実を結んだ。戦場にあっては双頭の竜となり、ひとたび投じられれば岩山をも貫いた。ムーサーの眠るときは杖がその番人となった。

あるとき眠るムーサーを竜が襲ったが、杖はこれを殺した。またあるときは、眠るムーサーをフィルアウンの放った七人の刺客が襲ったが、杖はこれをも殺してのけたということである。

ダーウド

聖書のダビデ。若くしてユダヤの王タールート（サウル）に見出され、巨人ジャールート（ゴリアテ）を討って名をあげた。

それも道理、この若者は非常な握力を誇り、その手のなかでは鉄も油のように溶けた。その指先で鉄を曲げ、世界ではじめて鎧をつくったのも彼である。

それればかりか、ダーウドはまたとない美声にも恵まれていた。朝夕に神を讃える声をあげると、四方の鳥も山もこれに唱和したほどであった。

そこでタールート王も彼に目をかけ、王女の婿にした。だが、次第に娘婿の評判が自分をしのぐのを知ってねたみ、やがては彼を恐れるようになった。民は余を捨て去り、この若者に従うのではないか、と。

ある夜、王はダーウドを暗殺することにした。だが王女は父のそぶりにただならぬ気配を見てとり、夫ダーウドに警告する。警告を受けたダーウドは、服の下に手製の鎖かたびらをつけて寝ていた。忍び寄った王は、彼の胸に剣を振り降ろしたが、剣ははね返って傷一つつけることができなかった。ダーウドが起きて問い詰めると、王は恥じて剣をとり落としたという。

その後、ダーウドはこの事件を秘め通し、決して明かすことはなかった。ときが経ち、タールート王が死ぬと、ダーウドはユダヤの新しい王となった。

名高いスライマーンは彼の息子である。

◉スライマーン

聖書のソロモン。偉大な魔力を有し、ジンを自在に使役したという。詳しくは次項「スライマーン」を参照。

◉アイユーブ

聖書のヨブ。かつて莫大な財産と家畜を有し、この世のあらゆる幸福を一身に集めていた。神はふと彼を大変な試練にあわせてみようと思い、一夜にして彼の財産すべてを焼き、一族をみな殺しにし、忌まわしい病を与えた。彼のもとに残ったのはただ妻だけであった。

人々はアイユーブに「おまえの説く神など忘れてしまえ」と言ったが、アイユーブは聞かなかった。

だが、ついに彼の妻までも神の無慈悲を怒り、悪魔《シャイターン》を拝むようになってしまった。アイユーブは怒り「病気がなおったらおまえを百回むち打ってやる」と誓った。

さすがに心細くなった彼は、声をあげて主に訴える。

「私、シャイターンめにさんざん痛めつけられ、衰弱しきってしまいました」

声あって言う。

「足でとんと地を踏んでみよ」

いわれた通りにすると、清らかな水がほとばしり、これを浴びると病はたちどころに癒えた。見れば家畜、財産、一族はもとの通り眼前にあり、それればかりか二倍に増えていた。続けて神は言った。

「さて、枯れ草の束を手にとって、それで妻を軽く打つがいい。立てた誓いは破ってはならぬからな」

イーサー

聖書のイエス。イスラム教のイーサーは神ではなく、偉大な預言者である。乙女マルヤム（マリア）から生まれたというところはキリスト教と同じ。哀れな父ヨセフは、キリスト教でも影が薄いが、イスラム教ではもっと薄い。

あるときマルヤムは月経時の物忌みで、奥の部屋に引きこもっていた。そこへ天使ジブリール（ガブリエル）がたくましい男の姿で現れ「汝に無垢な息子を授けようぞ」と言う。こうして彼女は身ごもり、その子を腹に、人目をさけて引きこもった。

コーランのこの部分の記述は多少あいまいで、そのため一部の学者は「イーサーはマルヤムとジブリールの子である」と説いた（まったくの余談だが、西洋にもこれに似た話がある。[*一]プーシキンの長詩『ガブリイリアーダ』には「神はマリアに懸想《けそう》してガブリエルを文使いにやったのだが、さて諸君、将軍が大尉を恋の文使いにやると、娘が大尉に惚れこんでしまうのはよくあること」とあり、たちどころに発禁になった)。

　それはさておき、やがてマルヤムはナツメヤシの木陰で陣痛に襲われた。苦しむ彼女をなぐさめるため、大地は小川を沸き出させ、ヤシの木はみずみずしい実を落とした。かくてマルヤムはつつがなく子を生み落とした。人々はこれを知るや、マルヤムをふしだらものよと難詰するが、みどり子はゆりかごのなかから声をあげて彼女をかばった。イーサーの最初の奇跡である。

　長じて彼は泥で鳥の形をつくり、それにふっと息を吹きこむと、泥は生きた鳥となって飛び立った。また盲人と癩者を癒し、死者をよみがえらせ、天から巨大な食卓を呼んで弟子たちを養った。すべて神の許しを得て奇跡を示したものであったが、それを見るや人々は言った。

「これはたしかに妖術じゃ」

　彼らはイーサーを十字架にかけようとしたが、イーサーは身代わりを立てて逃れた。身代わりはシモン（イーサーの弟）であったとも、ユダであったともいう。

　その後のイーサーの運命は定かでないが、生きながら天に昇ったという説が有力である。

　一説によれば、彼はいつの日か地上に戻り、暁の祈りのさなかにイェルサレムの門をくぐる。その髪は香油で洗われ、その手には槍が握られている。彼は町中の十字架を打ち折り、教会とシナゴーグ（ユダヤ教の礼拝堂）を打ちこわし、キリスト教徒のうちの不信者を打ち殺す。イーサーはそれから四十年の間平和に生きたのち、イスラム教徒として死に、メディナの町でアブー・バクルとウマルの間に葬られるのだという。

＊一　アレクサンドル・プーシキン（一七九九〜一八三七）。ロシアの詩人・小説家。ロシア近代文学の創始者と呼ばれる。代表作『スペードの女王』『大尉の娘』など。

スライマーン

―ジンの支配者―

スライマーンは聖書のソロモンにあたる。イスラエル王国最盛期の王であるソロモンは、通商路を掌握し、派手に金を儲けて派手に使った。また、詩人としても名高く、「伝道者曰く、空の空、空の空なるかな、すべて空なり」ではじまる『伝道の書』は、長くソロモンの作だと信じられてきた（今日の研究によれば疑わしいらしいが）。

ユダヤ教では史上第一の賢者とされるが、魔法を行い信仰を堕落させた一面もあるという。魔法の力で無数の悪魔を呼びだし、さまざまに使役したというのだ。このため中世以降、ソロモン王の書いたという魔術書が大量に出回った。ことに有名なのは十七世紀に現れた『レメゲドン』、別名『ソロモンの小鍵』という書物で、そのなかにはソロモン王の使役した七十二の悪魔、それぞれの召喚法と利益が克明に記されていた。

イスラム教のスライマーンも、この人物像から大きく外れてはいない。

アラブの歴史家によれば、イスラム以前、この世には四人の偉大な征服者がいたという。うち二人は異教徒で、猟人ニムロドとバビロン王ネブカドネザル。もう二人は正しい信徒で、イスカンダル（アレクサンドロス）とスライマーン。

なかでもひときわ異彩を放つのがスライマーンである。

彼はダーウド（ダビデ）の子であり、その治世に王国はおおいに栄えた。よく魔術と神託を行った。その目には明敏と洞察が宿り、その額には知恵と公正が輝いていた。学識はヨルダンの谷よりも深かった。

以後、コーランに従って彼の一生を追ってみよう。

コーランによれば

ダーウド王の子スライマーンは、若いころから公正な裁判をすることで知られ、父の死後、多くの王子のなかから特に選ばれて王となった。神は王に不思議の知恵を与えた。すなわち彼は鳥獣の言葉を解し、また吹きすさぶ強風を自在に操ったのである。その風は朝の一吹きに一月の行程を行き、夕の一吹きに一月の行程を行った。大地もまた、王のために溶けた黄銅を湧き出させた。

そして王はジンとシャイターンを自在に操った。

ジンたちは彼の命じるままに壮大な宮殿もつくれば、無数の寺院や巨像もつくった。海に潜って美しい真珠もとった。命令に背けば地獄の苦痛が彼らを襲うのであった。スライマーンの軍勢は、そのジンと人間と鳥の三種の兵力からなっていた。

スライマーンの軍勢はあるとき、隊伍きびしく行進して、蟻の住む谷へさしかかった。それを見て一匹の蟻が言った。

「みなの衆、はやく巣穴へ入りなされ。ふみつぶされたら一大事」

あらゆる鳥獣の言葉を解した王は、これを聞いて思わず微笑み、軍勢には蟻をふみつぶさないよう注意させた。その間に軍を検分すると、あらゆる鳥のうち、ヤツガシラだけ姿が見えない。

「来たら遅参を罰してくれよう」と思って待つうちに、ようやくヤツガシラが姿を現した。鳥は言う。

「わたくし、王さまもまだご存じない、耳よりな話を持ってまいりました」

耳よりな話というのは美女の話だった。

シバの女王

南アラビアのサバア（シバ）に一人の女王がいて、名をビルキースという。世にも美しく、大金持ちだが、惜しいかなアッラーに背を向けて太陽を拝んでいるというのだ。

聞いて王は手紙を書き、女王を招いてアッラーに帰依させようとした。女王がやってくると聞いて、王は臣下に向かって言う。

「おまえたちのなかに、女王がここまでくる間にサバアの都にゆき、女王の玉座をとってくることのできる者はおるか」

臣下のうち、啓典に通じた一人の賢者が言う。

「まばたきする間に」

やがてやってきた女王ビルキースに、王は言う。

「あなたの玉座はこんなでしたかな」

女王はすっかり度肝を抜かれた。驚きさめやらぬまま王の宮殿に着くと、床は一面透き通った水のようにみえる。女王は思わず裾をたくしあげた。スライマーンは言う。

「はは、これはみな水晶でござる」

女王はすっかり感嘆して、その日から信徒になったという。

一匹のうじ虫

王は年老いていよいよ知恵を加え、ジンたちをきびしく使役した。ジンたちはあらゆるものをつくらされた。大広間、彫像、水槽のような大皿、巨大な大鍋。そして最後に、名高いスライマーンの神殿。世界じゅうのジンが労役に駆り出された。

神殿はあまりに大きく見事なもので、神通自在のジンが働いても長年かかる。その年月の間に、スライマーンは立ったまま死んでしまった。彼の死体はその杖に寄りかかり、あたかも生けるがごとくであった。ために、ジンたちは王はまだ生きているものと思い、せっせと神殿建築にはげんでいた。

だが王の杖のなかには、一匹のうじ虫がいて、杖の芯を食い進んでいた。長いときを経て、虫は芯を食いつくし、杖は折れ、王の死骸は倒れた。ジンたちはやっと真実に気づき、四方へ散ってしまったという。

これがスライマーンの物語の終わりである。

後世の物語

これだけでも十分に幻想的なのだが、後世、スライマーン王の物語はさらに幻想的になる。

一説によれば、ジンがつくられたのはアダムの生まれる二千年前だが、この間に四十人の王がこれに君臨した。みな名前をスライマーンといった。ピラミッドをつくったのは最後の「ダーウドの子スライマーン」であり、コーランにある多くの逸話を残したのもこのスライマーンだという。ジンを自在に使役する力も、これで説明がつく。

だが、別の説もある。彼はエジプトの学問（オカルト学）に長けており、魔法の指輪をつくって、その力でジンを操っていたというのだ。指輪にはアッラーの無数の御名のうち「もっとも偉大なる名前」が記されており、なればこそこのような力を発揮したのだという。

また、この指輪は半分が黄銅、半分が鉄でできていたという説もある。善性のジンにくだす命令書には、封蝋《ふうろう》に黄銅の印章を押し、悪性のジンにくだすものには、鉄の印章を押したという。

なお、王がこの指輪をなくす話も伝わっている。

あるとき王は愛妾ジャラーダに入れあげていたが、ジャラーダは偶像崇拝者であった。このため天運はいっとき王をみすて、サフルというシャイターンが王の指輪をくすねてしまう。サフルは王に化けて玉座に座り、四十日の間好き勝手に世を治めた。

その間、王はよるべない身となって世界をさまよっていた。だが、サフルはまちがって指輪を海に落としてしまい、力を失う。そして放浪のスライマーンが魚を釣り、その腹を裂いてみると、くだんの指輪が出てきたではないか。こうして王は玉座に戻り、自分の罪深い行いを悔いたのだった。

王が玉座を追われたのは月の第十三日目のことで、このため十三日という日は縁起が悪い。

そして王は指輪のほかにも色々な宝物をもっていた。

緑のテーブル

緑柱石の巨大なテーブル。三百六十の脚をもち、無数の真珠とルビーがはめ込まれていた。王の死後スペインに渡っていたが、ウマイヤ朝のスペイン征服の際、トレドで発見されたという。

魔法の鏡

これをのぞけば世界のあらゆる場所が映った。

魔法のじゅうたん

緑の絹でできた空飛ぶじゅうたん。王はこれに乗って朝にシリアを発ち、夕にアフガニスタンに着いたということである。

鉛のつぼ

これまであげた秘宝に比べれば、この壺などたいしたものではない。ただ性悪なジンを閉じ込め、海に捨てただけのものである。ところが何百年もたったあとで、一人の漁師がこれを開けてしまったので、たいへんなことになる（五十七ページ参照）。

イスカンダル
―双角の征服王―

アレクサンドロスはマケドニアの征服王である。紀元前四世紀、ギリシアとペルシアを併呑《へいどん》して巨大な帝国を築き、若くして病死した。死に臨んで誰を後継者とするかと問われ、応えた。

「もっとも強い者を」かくて王の部将たちは互いに争い、帝国は四分五裂した。これがヘレニズム諸国である。

角の王

さて、メソポタミア以来、西アジアでは角は魔力の印とみられていた。そこで東方ヘレニズム諸国の貨幣には、角を生やしたアレクサンドロスの肖像を鋳出したものがあった。途方もない大征服をなしとげた王のこと、偉大な魔力をもっているに相違ないというのだ。

「角の王」のイメージはアラビアにも伝わったらしく、いつしかアラビアではアレクサンドロスのことを「二本角の人《ドウル・カルナイン》」と呼ぶようになった。文字通り角を生やしていたのだともいうし、黒髪の中に左右二ふさの金色の巻き毛があったのだともいう。

一方、シリアやイランではイスカンダル（アレクサンドロスがなまってアル・イスカンダルとなったもの）と呼ばれることが多かった。

イスカンダル・ドゥル・カルナイン。この王について、イスラム世界の人々は、次のような話を語り伝えた。

アラブ人によれば

昔、ルーム（ギリシア）の国に偉大な王があった。人は彼をドゥル・カルナインと呼んだ。この王がイスラム教徒だったことは確かだが、預言者であったかどうかはわからない。なにぶん遠い昔のことなのだ。『千一夜物語』のなかでバグダードのある床屋がいうには「今年はヒジュラこのかた六百三年目、イスカンダル紀年によれば七千三百二十年目」にあたるとある。仮にこの計算に従えば、大王の征服行は紀元前六千年ということになる。

ともあれ、コーランによれば、彼は神から地上の権能《けんのう》を与えられ、多くの国々を征服した。また世界の西・東・北のはてに旅し、さまざまな不思議を目にした。

西のはて、日の沈む国には泥の泉があって、一群の人々が住んでいた。

東のはて、日の昇る国の人々は服も家ももたず、照りつける日差しをまともに受けて平気で生きていた。

北のはてには二つの山がそびえていた。はての山々のふもとの人々は、山のかなたからやってくるヤージャージュとマージャージュ（ゴグとマゴグ。恐るべき暴力をふるう巨人の種族）のやからに苦しめられていた。王は人々の頼みに応じて、山と山との間に溶けた銅と鉄を流し込み、巨大な城壁をつくった。この城壁は天地終末の日まで人々を守るが、終末の日には崩れ、そこからヤージャージュとマージャージュの民がなだれ込むという。

ペルシア人によれば

本来、イランからみればアレクサンドロスは侵略者である。イスラム以前の文献では、彼は「不和の精霊ドゥルジにそそのかされた蛇、正教と聖所と経典の破壊者」とされる。

しかしイスラムの征服後は、アラビアのドゥル・カルナイン伝説が流入し、偉大な王としてのイスカンダル像が形成される。だが、それでもまただの侵略者を誉めるのは気が進まない。そこで王

はペルシアの血を引く者とされた。ペルシア人がペルシアの王座を奪還すべくやってきたというのだ。

昔、ペルシア王ダーラーブは、ルームの軍をおおいに破り、王女ナーヒードを娶ってようやく軍を引いた。ところがペルシアの王妃となったナーヒードは、あるときから異様な口臭を発するようになった。ためにダーラーブは妃を離縁し、国に戻す。だが、このとき王妃の体内に子が宿っていたことを誰も知らなかった。

月満ちて生まれた子はイスカンダルと名づけられ、賢者アリストテレスの教えを受けた。アリストテレスは、王子が遊戯や競技の勝敗を、まるで幾何学の問題のように冷静な目で見ていることに気づく。この少年はやがて天の丸みを弓として、遠く原野のかなたにまで矢を放つだろう。

やがてときは過ぎ、イスカンダルは見事な若者に成長した。祖父なる王の死によって、彼はルームの玉座に座った。

そのころペルシアでもダーラーブ王が死に、その息子、イスカンダルにとっては腹違いの弟にあたるダーラー（ダリウス）が即位していた。貢ぎものを求めるダーラーの書簡がルームに届いたとき、イスカンダルはこれを拒絶し、軍を率いてペルシアを攻める決意をかためた。王、ときに二十二歳。

彼は使者に扮してダーラーの陣営を探り、そしておおいにこれを破った。ダーラーは部下の財務官と顧問官によって暗殺され、イスカンダルに王国のすべてをゆだねて息をひきとった。

だがイスカンダルは心楽しまなかった。大ペルシア帝国の版図はこの世のはてまでも続くものと思っていたが、実はさらに東があるという。弟を殺してまで得たものが、たったこれだけか。ルームとペルシアの精鋭を率いて、彼は再び遠征に出た。インドの諸王国と戦い、その象隊を打ち破った。次はシナだ。こうして彼はまたもや使者に化け、シナの宮廷を訪れた。世慣れたシナの老皇帝ファグフールは、この「使者」を寛大にもてなし、酔いつぶした。翌日、皇帝は言う。

「使者よ、おまえはどんな夜を過ごしたかな、酒に呑まれていたようだが。イスカンダル王に伝えてくれ、『君はわしを呼びつけておるが、わしは参らぬ。君が望む以上の宝を送ろう。ほどこしの多い少ないで人と争うのは気が進まぬから』と」

正体を見抜かれたかどうか、それはわからない。いずれにせよ、皇帝の言葉の一つ一つが、針のようにイスカンダルの自尊心を刺した。この老人と五分にやりあうには、自分はあまりに若い。そして恐らく、自分にはそれほどの寿命は与えられてはいまい。

イスカンダルははじめて敗北を悟った。彼は軍のゆくてを変える。その向かう先は、もはや西でもなければ、東でもなかった。

◉流浪

それ以来、イスカンダルの兵団が放浪するのは、世の常の太陽の下の、世の常の土地ではなかった。王が求めるのは未知なる世界、この世のはて、そして不死の生命だった。いつしか王の狂気は兵士たちにも移り、兵士たちは拳で自分の頭を叩きながら、この世のはてを求めて放浪した。

諸国の人々はこの一団を恐れ、平伏したが、王はもはや朝貢も服従も求めず、ただこう言うのだった。

「おまえは、私がまだ見たこともない不思議なものを知っているか」

こうして王の旅は続いた。

あるときは太陽の沈む湖のかなた、永遠の暗闇の国にわけ入って生命の泉を求めたが、闇に迷ってついに見つけられなかった。たどり着いた先は泉ではなく岩原で、どこからともなく声がした。

「石を持ち去る者は後悔しよう。持ち去らぬ者も後悔しよう」

ある兵は石を拾い、ある兵は拾わなかった。やがて暗闇の国を抜けてみると、石はさまざまの宝石だった。何も拾ってこなかった者は自分自身を恨み、多くの石を拾った者は「なぜもっと持ってこなかったか」と思って、さらにはなはだしく後悔した。いずれにせよ、彼らの多くは宝石を使うことなく放浪のうちに死ぬ定めだった。

あるときは無限の沙漠のなかに豊かな町をみつけた。町の人々は王を暖かく迎えたが、王はただ不思議のみを求めた。すると町の人が語っていうには「この国にはふしぎな二本の木がある。片方は男、片方は女の姿で、成長するにつれて一つにからみあい、美しい緑の葉をしげらせている。木の葉が風に鳴る音は、人語となって真実を告げる」という。

そして木陰に着いた王は、木の言葉を聞いた。木は言う。

「おまえの欲望は宝を山のように集めること。おまえの情熱は世界の諸王を滅ぼすこと。はてない活動におまえは疲れた。もう時間がない。おまえの母も、女たちも、再びおまえの顔を見まい。時間がない、時間がない。異国で死がおまえをつかまえる」

イスカンダルは町に帰った。町の人々は「木は何と語ったか」とは一言も聞かず、ただ数えきれぬほどの財宝を彼に贈った。王は見事な財宝を受け、人々に見送られて再び旅路についた。目から血の涙を流しながら。

祖国に帰る旅の途中で、彼は息を引きとった。これがイスカンダルの一生の終わりである。

ルクマーン

―アラブのイソップ―

ルクマーン・イブン・アード、別名ムアンマル（長寿）。アラビアの伝説的な賢者である。コーランによれば神から直々に英知を授かり、また自分の息子をいさめて「アッラーとともにほかの神々を拝むようなまねはするなよ」と言ったとされる。

それにしてもイブン・アード（アードの子）とは珍しい名前だ。何しろアードとは、古アラビアの失われた部族の名なのだ。かつて偉大な富と武勇を誇ったというが、その土地も血筋も忘れられてすでに久しい。

長生きルクマーン

イスラム以後の伝承によれば、この部族は不信仰のため神の怒りに触れて滅び、独り敬神の人ルクマーンだけが生き残って、ハゲタカの七倍の長寿を与えられたという。

この「ハゲタカの七倍」が実際にどれだけの年かについては諸説あり、おおむね五百六十〜七千年ということになっている。いずれにせよ、彼は自分の死ぬ日を知るため、実際に生涯七羽のハゲタカを飼った。最後の一羽が死ぬのを見た彼は、従容《しょうよう》として息を引きとったという。

また一説によれば、神は彼に「おまえ、預言者になりたいか、それとも世に並びなき賢者になりたいか」と尋ねた。彼は後者を選び、たいへんな知恵と長寿を与えられた。

その長い一生のなかで、あるとき彼は預言者ダーウド（ダビデ）に仕えた。ダーウド王は嘆息して言ったという。

「ルクマーンよ、おまえは実にうらやましい奴だ。知恵を授かり、試みを免れた。それに引き換え、このダーウドは地上の大権を授かり、神の試練と臣下の不服従に耐えてゆかねばならぬ」

奴隷のルクマーン

このルクマーンという男は、昔のアラビアの格言をつくり、その数は一万余に達したという。ところがアラビア語では、格言と寓話というのは同じ言葉で、どちらも「アムサール」というのだ。

そこでイスラム以後、アラビアに寓話作者イソップの話が伝わると、イソップとルクマーンはすぐに同一視された。ルクマーンはぶ厚い唇をしたがにまたの黒人奴隷で、さえない外見の下に驚くほどの知恵を隠していたということになった。

彼自身についても多くの逸話が伝えられた。

あるときルクマーンは主人から「客に最上の料理を出せ」と言われ、羊の心臓と舌を出した。別の機会に主人から「今日の客には最悪の料理を出せ」と言われ、やはり羊の心臓と舌を出した。主人はいぶかしんでわけを尋ねるに、ルクマーンは応えて「されば善良な心と舌ほどよきものはなく、邪悪な心と舌ほど悪しきものもございません」と言ったという。

また、あるときルクマーンの主人は、王さまから「海の水を残らず飲みほしてみせよ」と言われた。帰ってルクマーンに相談すると、彼は言う。

「こうお答えなさい。『かしこまりました。ではその前に、海の水がどれだけかわかるよう、海に流れ込む川の水をすべてせきとめてくださいませ』とな」

前者はプラヌデス[*一]の『イソップの生涯』に、後者はプルタルコス[*二]の『倫理論集《モラリア》』に出てくる話によく似ている。とはいえ、それが直接のもとネタとは思えない。この種の話は地中海から西アジアの民間に、ひろく語り伝えられたものだからである。

　こうしてルクマーンはアラブのとんち話の主人公となった。

　イスラム圏の民話には多くのとんち話があり、多くの人気者がお偉いさんをぎゃふんといわせている。ジュハー、ナスレッディン・ホジャ[*三]といった人々の話は、日本でも多くの民話集で読むことができる。

　その系譜の頭のほうに位置する大物が、このルクマーンなのだ。

＊一　マクシムス・プラヌデス。ビザンチン帝国の文人。『アクルシアナ』というイソップ寓話集を編み、『イソップの生涯』という伝記を付した。

＊二　プルタルコス（四六?～一二〇?）。ローマ時代のギリシア人哲学者・伝記作家。古今未曾有の雑学家で無類に話上手な人間だったので、家はいつも客でごった返していた。主著『対比列伝（英雄伝）』『倫理論集』など。

＊三　『アラブの民話』イネア・ブシュナク編、青土社。『イタリア民話集』上下巻、カルヴィーノ著、岩波文庫。『ナスレッディン・ホジャ物語〈トルコの知恵ばなし〉』護雅夫訳、平凡社東洋文庫。『天からふってきたお金―トルコのホジャのたのしいお話―』ケルジー著、岩波書店。

アンタル

―混血の黒騎士―

紀元六世紀のアラビアはアブス族の者に、アンタラ・イブン・シャッダードという男がいた。父は由緒正しいアラブ、母は黒人の奴隷女だった。少年アンタラは部族の奴隷として、羊の番をして日々を送った。だがアブス族は近隣の部族と絶え間ない抗争中にあり、奴隷少年の武勇はすぐに人の知るところとなった。やがて彼は自由の身となり、あっぱれ勇士とうたわれたが、あるとき略奪行のなかで命を落とした。

アンタル物語

イスラム成立以後になって、この人物は再び脚光を浴びる。彼の一生は平等を求める戦いであり、イスラムの道徳にふさわしい。そのうえ略奪と戦争がふんだんにあるので、話の材料にもことかかない。

こうして彼は物語の主人公となり、名もアンタルと呼ばれるようになった。

アンタル物語の語り手は、名をアル・アスマイーという。名高いカリフ、ハールーン・アル・ラシードの治世に、バグダードでこの物語を語った。彼は六百七十歳であり、うち四百年は異教徒として生きた。多くの英雄豪傑を見てきたが、アンタルほどの男はいなかったというのだ。

もちろんこれは伝説で、厳密な学問的研究によれば、アンタル物語の成立はもっと遅い。それが証拠に十字軍が出てくる。どうもアル・アスマイー老は、アンタルとともに時を駆けたらしい。何しろアンタルの物語は、紀元六世紀にはじまり、ササン朝ペルシアと十字軍の時代を経て、イスラムの勃興で終わるのだから。

では、『アンタル物語』のあらすじをたどってみよう。

少年奴隷

無明時代と呼ばれるはるかな昔。勇武で名高いアブス族を、ズハイルという族長が治めていたころ。この一族の勇敢な戦士シャッダードが、あるとき略奪行で一人の奴隷女を手に入れた。娘の名をザビーバといい、物語のはるかあとのほうで、黒人王国エチオピアの王女であったことが明らかになる。ともあれ、娘はシャッダードの子を産んだ。子供はアンタルと名づけられた。

幼子《おさなご》の腕力は普通でなかった。零歳でおくるみの布を引き裂き、二歳で一家の天幕を引き倒し、四歳で猛犬、九歳で狼、若い羊飼いとなっては獅子を打ち殺した。

アブス族は近隣の部族と抗争を続けていたから、少年の武勇はすぐに知れ渡った。やが

て父は彼を認知し、部族の一員とした。

❁恋と探索

人間として認められたアンタルが、次に求めたものは恋であった。相手は叔父の娘、絶世の美女なるアブラ。

彼は叔父のもとに行き、アブラとの結婚を申し込む。叔父はそれを鼻で笑う。

「人として認めてもらっただけでもありがたいというのに、こともあろうにわしの娘を欲しいと？」

　しかし、アブス族は近隣の部族と絶え間ない抗争中にあり、そしてアンタルは屈強の戦士だ。部族の危機に際しては、叔父もアンタルに頭をさげねばならない。

「奴を倒してくれ。そうすればアブラを嫁にやろう」

　アンタルが活躍し、危機が去ると、叔父はもちろん約束を鼻紙同然に反故《ほご》にし、「もう一つだけやって欲しいことがある」と言って無理難題をふっかける。

　そして、その後も繰り返し出し続けられた叔父の無理難題に応えるため、アンタルはアラビア中を渡り歩いた。あるときなどはメッカの聖域に自分の詩を掲げてこいといわれ、なみいる詩人たちを歌合戦で打ち負かし、じゃまする奴らを決闘で叩きのめし、ついに詩を掲げて帰ってきた。

　そんな調子だったから、探索行の間に彼の打ち負かした勇士は数多い。大詩人ウルワ・イブヌル・ザイド（当時、詩人は戦場で敵にものすごい呪いを投げかけた。偉大な詩人を抱える部族は戦も強かった）。ハーニア・イブン・マスウード（ササン朝ペルシアを打ち負かした男）。ラビーア・イブン・ムカッダム（アラブ騎士道の精華とうたわれた男）。

はるかな異国

　そしてアンタルの探索は、狭いアラビアにとどまらない。アブラの父の要求もとどまるところを知らなかったのだ。

「アサーフィール種のラクダを連れてくるがいい。待ちに待った婚礼の引き出物にな」

この種のラクダは非常に珍しく、ヒーラの王ムンディルのみがこれを育てていた。もちろん頼んで貰えるものではなく、奪ってくるほかない。ヒーラはユーフラテス下流西岸にあり、アラブ族の国ではあるが、事実上ペルシアの衛星国であったからだ。ヒーラにけんかを売るのは、ペルシアにけんかを売るに等しい。気宇壮大な難題であった。

結局のところアンタルは、はるばるペルシアまで足を延ばし、そこでペルシア王のために、ギリシアの勇士バドラムートと戦うことになる。これがアンタルとペルシアの関わりのはじまりで、以後彼はペルシア歴代の王と、あるときは敵、あるときは味方としてつきあっていく。そのなかにはホスロー一世（実在。ササン朝黄金期の明主）の姿もあった。

東の次は西である。シリアの王子が、アンタルの親友のいいなずけをかどわかした。アンタルは勇躍シリアに踏み込み、王子を叩き斬る。一国の王子を叩き斬ってはただでは済まない。シリア王ハーリスとアンタルの合戦がはじまる。結果、アンタルがハーリスを打ち負かしたが、互いの力量を認めあった二人は仲のよい友となった。ハーリスの死後、アンタルは幼い新王アムル・イブン・ハーリスの後見人となる。

当時シリアはビザンチン帝国に服属しており、アンタルはビザンチン皇帝のもとにごきげんうかがいにいく。ところがここにフランク（ヨーロッパ）王ライラマーンという者が現れ、アンタルの勇名を聞きつけて「そのアンタルとやらを我々に引き渡してもらおう」と言ってくるのだ。

そこでアンタルはビザンチンの皇子ヘラクリウス（実在。七世紀のビザンチン皇帝）と肩を並べ、軍を率いてフランク領に攻め込む。スペイン王サンティアゴ（聖ヤコブ。スペインで広く信仰されている）を打ち負かし、余勢を駆って北アフリカからエジプトを通ってコンスタンチノープルに帰還。帝都にはアンタルの巨大な像が建った。

さらなる彼方へ

やがてアンタルはアブラと結ばれたが、ついに子がなく、一家の主となることはなかった（異国の恋人たちとの間に生まれた子はいたが）。そして一度旅暮らしに慣れた彼は、長くテントのなかにとどまっていることができなかった。結局、彼は一生のあいだ放浪者だったのである。

世界はひろい。かなたへ、もっとかなたへ。彼はローマをフランク王ボヘマンド（実在。第一回十字軍の指導者）から守った。彼はアフリカ奥地のネグス（エチオピア）の王国に達して、自分の母がネグス王の孫娘だったことを知った。さらに彼はヒンド・シンド（インド）の王国を打ち負かし、ジンの国バイダーにまで足を延ばした。

彼の旅路は実に長かった。彼の生涯も長かった。歴史的にみれば、六世紀から第一回十

字軍まで、およそ五百年に及ぶ。物語のなかでどれほど生きたか、それは定かでないが、何にしろうんざりするほど長かったのは確かだ。

その長い一生のなかで、彼は何度もウィズル・イブン・ジャービルという男と戦った。アンタルは何度もウィズルに勝ち、捕らえては放した。ウィズルは屈辱に次ぐ屈辱に怒りを燃やし、何度も挑みかかったが勝てず、ついに両目を奪われた。

ウィズルには不屈の闘志があった。彼は音をたよりに弓を射る術を身につけ、やがて百発百中になった。そうとも知らず近づいたアンタルを、必殺の毒矢が襲った。

アンタルは死んだ。愛馬アブジャルの背にまたがったまま苦痛に耐え、死してなお馬の背を離れなかった。彼が死んでからも、その姿が長くアブス部族の敵を恐れさせるようにと。

名馬アブジャルもまた、アンタル以外の主を持つつもりはなかった。馬は沙漠のなかに走り去り、行方は知れなくなった。アンタルとアブジャルの旅した土地は限りなく、そのどこへいったものか、誰にもわからない。

これが長い物語の結末であった。

ヨーロッパの肖像

アンタル物語の筋はおよそ歴史的でないが、細部の描写は歴史的である。たとえば、物語に登場するフランク人は、救い主イエス、聖母マリア、洗礼者ヨハネの名にかけて誓いをたてる。また、フランクの騎士は上衣の胸に十字の印をつけている。フランクの僧侶はいとこどうしの結婚を認めず、宗教儀式に鈴や香や聖水を使う。

ヨーロッパの騎士物語でイスラム教徒がアポロやユピテル、はては純金製のムハンマド像まで拝んでいたことを思えば、アンタル物語の健全さはおどろくほどである。

ハーティム・アッ・ターイー

―世にも気前のいい男―

アラビアの遊牧民は客人を手厚くもてなす。テントの主は宿を乞う旅人を迎え入れ、食物を与えねばならない。日陰も水もない沙漠で客を受け入れないのは、つまり「死ね」ということだから。

もてなしは主人にとっての名誉であり、テントの主はしばしば「あなた方を招待する名誉を私に与えてください」と言う。これは単なる社交辞令ではない。客もそれはわかっており、おおむね礼は一言も言わない。それは当たり前のことなのだ。

三日の掟

一般に、このもてなしは三日を限度とする。最初にふるまった食事が体内にとどまっている期間であるという。また「一日目は挨拶《サラーム》のために、二日目は食事《タアーム》のために、三日目は話《カラーム》のために」ともいう。それ以上長居する客は、毒蛇のように嫌われる。しかし三日の間だけは、主は客の身の安全を保障せねばならない。いったん食事をともにしたなら、たとえ敵であっても三日の間は客人となる。厳しい沙漠生活が、このような掟をつくりあげたのだ。

この掟をもう一歩進めると「自分が困っても客人をもてなす」ことにいきつく。これこそアラブ人の理想像である。もちろん理想であって、実行する人間はほとんどいない。だからこそ、実際にやった人間は語りぐさになる。遊牧民の英雄譚は、そんな気前のいい男たちでいっぱいだ。

気前のいい男たち

ある男は沙漠の旅の途中、自分の飲み水を仲間に与えて、渇き死にしていった。

ある男は数十年に渡る部族間の争いをとめるため、自分のラクダ三千頭を惜しみなく敵部族に引き渡した。

ある男は行き暮れた宿敵をテントに迎え入れ、自分の家族が飲むべき乳を相手に与え、たった一頭の子羊も彼のために殺した。

こうした男たちのなかで、ひときわ気前のいい男がハーティム・アッ・ターイーである。アラブの有力部族であるターイー一族は、アラビア半島の中央高原に住んでいた。唐代の中国ではアラビアのことを大食《ダーシー》といったが、一説ではターイーが訛ってダーシーとなったのだという。

ハーティムはこの部族の名家の当主として六世紀後半に生きた。イスラム勃興の一世代前であり、無明時代といわれるとともに、また英雄時代ともいわれるころである。彼は詩人であり、また戦士であった。詩人としては飾り気なく率直で、戦士としては勇敢であった。

そしてそれ以上に、財を惜しまず、よく人を助けた。若いころからもてなし好きで、あるとき見ず知らずの人間にラクダの乳を求められたので、乳どころかラクダを屠《ほふ》って肉までごちそうしてしまった。これが祖父に知れて一度は勘当されたほどだという。

またあるときは客をもてなすのに、あいにくラクダも羊もなかったので、無二の愛馬を屠ってこれにあてたという。

死後のもてなし

ある逸話によれば、彼の気前のよさは死後にも発揮された。

ハーティムが世を去ったとき、人々はこれを悼《いた》み、山頂に見事な墓を建てた。墓の左右には美しい娘の像が四体ずつ向かいあって立ち、髪をふりみだして彼の死を嘆いていた。その肌の白さ、顔形の美しさは類《たぐい》なかった。山すそには一すじの清流があり、川のほとりで夜を過ごす旅人は、女たちの泣くかすかな声を聞いた。夜が明けてから見ても、石の乙女たちのほかは、一人の姿も見つけることはできなかった。

あるとき一人の男がこの墓前で仲間たちと一夜を明かし、つい冗談のつもりで墓のなかのハーティムにもてなしを求めた。やがて眠りにつき、夜遅く物音に目覚めてみると、自

分のラクダが死にかかっている。やむなくこれを屠り、肉を料理してたらふく食った。翌朝、再び旅に出ると、一人の男が見事なラクダを連れてやってきた。男はハーティムの息子アディーと名乗って言う。

「このラクダをお受けとりください。夢に亡父が現れて『おもてなしのために客人のラクダを屠ってしもうた。別のラクダを一頭、あの衆にお届けしてくれい』と申しましたので」

死後にも客をもてなしたほどの人物ハーティムは、どの時代、どの国でもアラブの理想的人物とされた。イラン、トルコ、マレー等でも人気が高く、またドイツのゲーテもアラビアに舞台をとった『西東詩集』のなかで語り手ハテム（ゲーテ自身が投影されている）に「自分は名前こそハテムだが、ハテム・タイの気前のよさには遠く及ばない」と言わせている。

アリー
―悲運のカリフ―

アリー・イブン・アビー・ターリブ（六〇〇?～六六一）。ムハンマドの年下のいとこであり、養子でもある。ごく初期にイスラム教に改宗した人間で、一説ではムハンマドとその妻ハディージャに次いで史上三番目のイスラム教徒だったともいう。

神の獅子

アリーはムハンマドの片腕として、長らく戦い続けた。武勇胆力ともに優れ、教団内では「神の獅子」と呼ばれた。ドルドルという頑健なロバに乗り、「脊髄を断つもの《ズー・アル・フィカール》」という名剣を振るった。後世のイスラム圏では、多くの剣の刀身に「ズー・アル・フィカールに敵《かな》う剣なく、アリーに優る若武者なし」という文字が刻まれることになる。

十世紀の学者マスウーディー[*1]その他によれば、風貌は必ずしも美男子ではなかったようだ。頭は禿げあがり、体つきは頑丈で短足、肩は幅広かった。体は毛ぶかく、色は浅黒く、濃く長く白いひげが胸をおおっていた。人とつきあうには言葉を飾らず、粗野でぶっきらぼうだった。

ある者は彼をしんそこ嫌い、ある者は彼にとことん惚れこんだ。

アリーとはそういう男だった。

敵との戦い

ヒジュラ（十八ページ参照）の際、ムハンマドと七十人あまりの信徒は数人ずつのグループを組んでメッカを脱出した。ムハンマドは最後から二番目にメッカを出た。

そして最後に残ったのは、ムハンマドの身代わりとなったアリーだった。ときに二十歳。彼がムハンマドの代わりに寝ていると、敵方は「ムハンマドはまだいるな」と思って安心した。アリーは翌日、メッカの商人たちの家を周り、ムハンマドの貸し借りをきれいに清算してからゆうゆうと立ち去った。あえて彼に襲いかかるものはなかった。だがその後、メッカの人々は「あそこで殺しておけばよかった」と何度も後悔することになる。

ムハンマドの教団とメッカの戦で、アリーは常に第一線で活躍を続けた。バドル[*二]の戦いでは、戦に先駆けて勇士同士の決闘が行われた。アリーはここでメッカの勇士ワリードとウトバを斬った。ウフド[*三]の戦いでは敗戦のなか、預言者の護衛についた。敵の落とし穴に落ちた預言者を助け、妻と二人で預言者の体を洗って手当した。ハンダク[*四]の戦いでは豪傑アムル・イブン・アブド・ウードを斬り殺した。ハイバル砦の攻略では、アブー・バクルやウマルが落とせなかったこの砦を、アリーが指揮をとってようやく落とした。

味方との戦い

アリーの戦いは、イスラムの前に立ちふさがる敵との戦いだった。だがムハンマドの死後、アリーは味方であるイスラム教徒と戦うことになる。第三代カリフ、ウマイヤ家のウスマーンを殺した暴徒たちは、アリーを新しいカリフにかつぎあげた。

そのころウマイヤ家の者はウスマーンの血染めのシャツをもち、同家の最有力者、ムアーウィアのもとへ落ち延びていた。ムアーウィアはシャツを見たとき「勝った」と思った。これ以上の宣伝材料はない。ダマスカスの大モスクの外壁に遺品を掲げ、「血の復讐」をうたう。そして一族の者に宛てた手紙でいうのだ。

「豹のごとく遠回りに狩りをし、狐のごとく奸計《かんけい》によって勝て……」

ムアーウィアとはそういう男だった。

アリーは戦場ではムアーウィアに勝つが、コーランにかけて和睦を申し入れられる。アリーの性分では、これを承諾しないわけにはいかなかった。だがアリーの側近たちは当然ながら怒り、ある者はアリーを捨てて去った。彼らはハーリジ（分離）派と呼ばれ、諸国の洞窟に潜んで反乱と暗殺を繰り返した。しかもセクトというものの例に漏れず、ハーリジ派もムアーウィアよりもアリーのほうを憎んだ。アリーの治世はハーリジ派の鎮圧のみに費やされたといってよい。

そしてアリーは、ついにはハーリジ派の刃に倒れた。モスクで金曜の礼拝の途中、刺客イブン・ムルジャムに刺されたのである。

刺客は八つ裂きにされそうになったが、アリーは言う。

「一突き以上は許さぬ、私も一突きを受けただけなのだから」、
要約すれば「いい腕だ。苦しませずに殺してやれ」となろうか。これがアリーの最期の言葉となった。

シーア派

こうしてムアーウィアは勝った。アリーは一度、歴史から抹殺された。アリー派《シーア・アリー》は追われ、迫害された。

だが彼らはしぶとく生き残った。

迫害されつつ生き残るうちに、彼らにとってアリーは単なる人間ではなく、一種、神に近い英雄となった。

英雄伝説はどうやって生まれるか。

「一人の男が強大な敵に立ち向かい、敵をきりきり舞いさせたが、ついには仲間の裏切りによって倒れた」

それだけの事実があればいい。そこから人々は物語を語りはじめる。

「[*五]すべての英雄伝説は無疵である。黄泉の国に旅立った主人公の生前の一挙一動はすべて増幅され、新陳代謝され、ついには現実の泥沼で喘いでいる者にとって燦然と輝くロマンとしてはるか彼方で発光しはじめるのだ。希望。苦悩。冒険談。これらは単なる事実性よりも、民衆の痛切な必要性によって取捨選択せられる」

こうしてアリーは、単にアリー派だけでなく、ウマイヤ朝に不満を抱くすべての人々にとって英雄になった。人々は彼について多くの伝説を語った。

「あるときジンが蛇になってアリーに宗教上の質問をしにきた」

「アリーはハイバルの攻城戦で、巨大な鉄扉を片手で引きちぎり、これを盾として戦った」

「あるときキリスト教徒に取り囲まれ、山を剣で断ち割ってのがれた」

「またあるときはシャイターンの王イブリースと戦った。ムハンマドが止めなければイブリースを殺していた」

「アリーが石に動けというと、石は動き、その下からは水がわき出て同志たちの渇きをいやした」

「彼は鳥獣や草木の言葉、また人間世界のあらゆる言葉を解した」

「アーダムのシャツ、ムーサーの杖、スライマーンの指輪を所持していた」

「アリーは三千の名をもって聖書とコーランに登場する」

「彼が生まれたとき、夜だというのに世界が明るくなった。彼が死んだとき、イエルサレムのモスクと周囲の石はみな血に染まった」


ざっとこういうものだ。アリーに関する伝説は、イスラム以前の伝承の宝庫といってよい。特にイランでは、アリーの名のもとに、多くのゾロアスター教的伝統が保存された。たとえば「新春《ノウ・ルーズ》」、つまり春分の日の祭りがある。もとはゾロアスター教の太陽崇拝にもとづき、太陽が力をとり戻したことを祝うものだったらしいが、やがて、ムハンマドがアリーを後継者に指名した日の祝いともいわれるようになった。

こうしてアリー派《シーア・アリー》は生き残った。やがて彼らは、ただ「派《シーア》」と呼ばれるようになった。シーア派のおこりである。現在、シーア派はイランを中心に多くの信徒を抱え、イスラム教第二の大勢力となっている。

そのすべてが、あの粗野で飾らない男からはじまったのだ。

＊一 マスウーディー（八九六？〜九五六）。バグダード生まれの大博物学者。若年からインド洋・シリア・エジプトを巡り、森羅万象についての見聞を広めた。主著『黄金の牧場と宝石の鉱山』など。

＊二 六二四年、ムハンマド軍とメッカ軍の最初の戦い。日照りの中、ムハンマドは水場をおさえ、有利に戦を運んだ。

＊三 六二五年、メッカがメディナに遠征軍を送りこみ、ムハンマド軍を撃破した戦い。だが遠征隊も損害を受け、メディナ攻略はあきらめて引き返した。

＊四 六二六年、メッカ軍がメディナを包囲した戦い。ムハンマドたちは塹壕（ハンダク）を掘ってメッカ軍の騎兵突撃を防ぎ、長期戦に持ちこんだ。

＊五 『叛アメリカ史』豊浦志郎著、ちくま文庫。

イマーム
—シーア派の英雄たち—

イマームとは「規範」「指導者」といった意味である。スンニ派ではカリフ（二十一ページ参照）と同じ意味だが、シーア派では「アリーの子孫にしてシーア派の最高指導者」という意味になる。

アリーには多くの子供がいた。なかでもムハンマドの娘ファーティマとの間に生まれた二人の男児、ハサンとフサインは多くの人から将来の指導者と目されていた（これはむろん血筋によるところが大きい）。

◎ハサン

兄はハサン（アル・ハサン・イブン・アリー）といい、希代の女性好きとして知られる。生涯に百回以上の結婚と離婚を繰り返し「大離婚者」と呼ばれた。その精力をもっぱら漁《ぎょ》色《しょく》についやし、政治向きのことには関わらなかった。アリーの死後、シーア派の人々は彼を新[*1]カリフにかつぎ出したが、彼は数か月でムアーウィア（二十三ページ参照）に位を譲ってしまった。そのあとも漁色を続け、四十五歳であっけなく死んだ。

シーア派はアリーを初代イマーム、ハサンを第二代イマームとする。

フサイン

弟はフサイン（アル・フサイン・イブン・アリー）。兄の死後、シーア派の盟主と仰《あお》がれた。第三代イマームである。

六八〇年、希代の策士ムアーウィアは死んだ。死に臨んで、息子ヤジードに言い残した。

「アリーのせがれめは、きっと跳ねっかえりどもにかつぎだされるだろうが、勢いをくじくだけにしておいて殺すなよ」

遺言の真意ははかりがたいが、あるいはフサインが殉教者として神格化することを恐れたのかもしれない。

ともあれ、ムアーウィアの死が明らかになるや、各地に反ウマイヤ家の反乱がおきる。フサインはイラクの反乱に合流してくれるよう招かれ、メッカからイラクのクーファへ向かった。旅の仲間は男七十人、女子供百三十人、総勢二百人。だが途中、カルバラーという土地でウマイヤ朝の騎兵数千に包囲されてしまう。一行は水を断たれ、すぐそばにエウフラテス河の流れを見ながら渇きに苦しんだ。フサインは言う。

「遠い戦場で異教徒と戦わせてくれ」

だが包囲軍は無条件降伏を求めるばかり。交渉は平行線をたどり、やがて決戦になった。多勢に無勢、フサイン一行はほぼ皆殺しになった。ただフサインの子アリー（小アリー）だけは生き残り、のちに第四代イマームとなる。伝承[*二]によれば小アリーの母はササン朝の帝王ヤズディギルドの王女であったという。後世、シーア派のサファヴィー朝は、イラン民族主義を鼓舞するためにこの点を大いに利用した。

のちにカルバラーはシーア派の聖地となった。フサイン殉教の日はアーシュラーと呼ばれ、シーア派の祭り日となった。イランでは毎年、十日間に渡って殉難祭が行われる。アーシュラーの祭りは最終日に最高潮に達し、参列者は激情のあまり、しばしば鎖や剣で自らの身を打つ。

こうしてフサインは殉教者となった。人々は言った。

「夕空の紅はフサインの血の色である。彼の死の前には、この世に夕映というものはなかった」と。

隠れイマーム

小アリー以後、多くのイマームが立った。シーア派中の多数意見によれば、イマームの数はアリーから数えて十二人であるという。このためシーア派主流派のことを「十二イマーム派」と呼ぶこともある。

その十二人目が「隠れイマーム」である。四、五歳で神かくしにあい、行方は杳《よう》として

■ムハンマドと正統カリフ・十二イマーム

ムハンマド

正統カリフ

アブー・バクル［第一代正統カリフ］
ウマル［第二代正統カリフ］
ウスマーン［第三代正統カリフ］
①アリー［第四代正統カリフ］

十二イマーム

①アリー
②ハサン
③フサイン
④アリー・ザイン・アル・アービディーン（小アリー）
⑤ムハンマド・アル・バーキル
⑥ジャアファル・アッ・サーディク
⑦ムーサー・アル・カージム
⑧アリー・アッ・リダー
⑨ムハンマド・アル・ジャワード
⑩アリー・アル・ハーディー
⑪ハサン・アル・アスカリー
⑫ムハンマド・アル・ムンタザル（隠れイマーム）

知れなくなった。いつの日か彼はこの世に戻り、嘘いつわりのない豊かな世界をつくり出すのだという。イスラム世界の少数派であるシーア派にとって、隠れイマームの再臨は心の支えであった。

本名はムハンマド・アル・ムンタザル。マフディーとも呼ばれる。

サルマーン

アリーにつき従ったペルシア人参謀。実在性には疑問があり、イランとシーア派を結びつけるため創造された人物ともいわれる。

ともあれ、シーア派の所伝によれば、サルマーンはペルシア人であった。六二〇年ごろ単身アラビアに行き、ベドウィン（遊牧のアラブ）にだまされてメディナの奴隷市場へ送られた。直後にムハンマドのヒジュラがあり、サルマーンはムハンマドとアリーに会って、イスラム教に帰依する。

アラビアの奴隷制度は、後世の欧米よりは緩やかで、奴隷は金で自由を買うことができた。サルマーンは商人ムハンマドの助けを受けて金を儲け、主人から自由を買った。

のち、メッカ軍がメディナに攻めかけてきた際、サルマーンは塹壕を掘ることを提案した。

メディナ周辺の騎兵突撃に適した平地に、馬が足をとられるだけの溝を掘るのである。

これにより、メッカ方の騎兵戦力の優越を無力化する。これまでアラビアにはなかった、ペルシア流の戦法であった。

塹壕は有効に働き、メッカ軍は二週間の合戦ののち、メディナの包囲を解いて引きあげていった。これを塹壕《ハンダク》の戦いという。

のちムハンマドの死のおりには、サルマーンはアリーを後継者に推している。彼が世を去ったのはアリーのカリフ就任の年かその翌年らしい。人によっては「彼が参謀として生きていたなら、アリーとムアーウィアの戦いはずいぶん違ったものになったろう」ともいう。

＊一　イマームにかつぎ出したのではない。シーア派でいうイマームというのは紀元七〇〇年以後、つまりアリー派が権力闘争に敗れてから生まれた考えであり、当時はまだ今日のようなイマームの概念はなかった。

＊二　そもそもタバリー（九十三ページ参照）の伝える伝説によればササン朝第二代の王ホスローは初代王アルダシールと前王朝パルティアの王女の間の子であって、この種の逸話はイランには多いのである。

ハールーン・アル・ラシード一行
―千一夜の狂言回し―

八～九世紀、アッバース朝の首都バグダードは栄華をきわめた。そこには当時地図にある限りの世界中から船がやってきた。軍艦の隣に遊覧船があり、中国のジャンクの隣に上流からやってくる土着民の羊の皮のイカダがあった。世界中の富がここで取り引きされた。昔はサソリ、カブト虫、イタチさえ贅沢な食いものと思っていたアラブ人が、いまや香料で味つけした鶏肉のシチューを食い、バラの香りのついた砂糖水を飲み、夏には氷で屋内を冷やすのだった。

あるカリフとバグダードの栄華

そんな時代のカリフが、ハールーン・アル・ラシード（七六六?～八〇九）である。父や祖父の残した莫大な財産を使い、大いに贅沢をする一方、また学者や詩人たちの後援者ともなり、バグダードに一代の栄華を現出した。ただし遺言で息子たちに領土を分割したのが失敗で、彼の死後、息子たちは互いに争い、バグダードは荒廃に帰した。

バグダードはのちに再建されたが、当時を知る老人たちは言うのだった。

「今のバグダードもそれは見事なものだが、ハールーンさまのころとは比べものにならぬ」

こうしてハールーンの名は、ありし日のバグダードの栄華の象徴となった。『千一夜物語』はしばしばこの時代のバグダードを舞台とし、ハールーンは五十あまりの物語で狂言回しを務める。彼は宰相ジャアファルと御佩刀持《みはかせもち》マスルールの二人を供に連れ、市井の珍しいことどもを見聞するため、夜ごと商人の姿に変装して宮殿を出るのである。

「やつがれどもはティベリアスから参りましたあきんどどもでございます。同業の者にまねかれ馬鹿さわぎののち、外に出てみますと夜は暗し、なにぶんよそものゆえ、宿を見失ってしまいました……」

こうして多くの物語がはじまるのだ。では、この一行三人の肖像を、史実と千一夜の双方に照らして描いてみよう。

ハールーン・アル・ラシード

アッバース朝第五代のカリフ。非常に背が高く、性格は生真面目《きまじめ》で神経質、激しやすい性格が極端から極端へと走り、好悪の情が激しかった。

『千一夜物語』では寛仁大度の名君と地の文に書いてあるが、その実何か困ったことがあると、すぐに自分の首ではなく宰相ジャアファルの首にかけて誓いをかけ、ジャアファルに無理難題をおしつける。非常に勝手な人間という印象があるが、史実もおおむねその通りだった。

はじめは宰相ジャアファルら、バルマク家の一門を信頼して政治をまかせていたが、ある日突然一門をみな殺しにした。それから死ぬまでの間は自分で政治をとったが、悪い政治のため、いたるところで反乱がおきた。

八〇九年、やむなく中央アジアの反乱を鎮圧に出た。このときすでに体は病魔におかされていたが、侍医《じい》をいましめて「このことだれにも洩らすでない。もし息子どもが知ったならば、わざと足くせの悪い馬に乗せて、死期を早めようとするに違いないからな」と語ったという。

はたせるかな、ハールーンはこの遠征の最中に病死した。部下も身内も信じられず、孤独な一生を閉じたのだった。彼の死後、二人の息子アル・アミーンとアル・マアムーンは相争い、やがてイスラム世界をまっ二つに割った戦をおこす。

『千一夜物語』に「偽カリフの物語」というものがある。ある夜、いつものようにおしのびで町に出たカリフ・ハールーンたちは、世にも見事な若者がチグリス川で舟遊びをしているのを目にする。カリフその人に似た服装をして、カリフの者とよく似た供揃えを連れている。これを見たハールーンは言う。

「あれはわが子息の一人らしいのう。アル・マアムーンかアル・アミーンかな」

そのアル・マアムーンとアル・アミーンが、やがて争い、ついにはバグダードを焼くのである。多少の歴史を聞きかじっている読者は、恐らくここで世の転変の激しさに嘆息するのだ。

宰相ジャアファル

アッバース朝前期の名門、バルマク家の貴公子。才知優れた美青年で、一代の伊達男として名高かった。カリフの信任厚く、日夜側近にあって絶大の権力を振るった。

ところが八〇三年、ジャアファルは三十七歳にして、突如ハールーンに斬首された。首や胴は、バグダードの橋の上でさらしものにされた。処罰は彼だけでなくバルマク家の老幼男女千二百人に及び、財産はことごとく没収された。

かつては宰相を輩出し「駒の額の白星か、頭上の冠のごとくはなばなしい」といわれたバルマク家であったが、一夜にして壊滅したのである。

『千一夜物語』の記述によれば「ハールーン・アル・ラシードが、バルマク家のジャアファルを十字架にかけました際、およそジャアファルの死を嘆いたり、弔ったりしたものはすべて十字架にかけよと命じました。それで、世間の衆はそのことを戒めあい、さしひかえておりました」ということになる。

千一夜はげに変転の物語であり、一代の富は瞬く間に散じ、乞食はたちまちに大富豪となる。バルマク家こそその象徴ともいうべき存在であった。

ジャアファルの斬首の理由は定かでない。前嶋信次によれば「[*]ジャアファルの首を打ったのは処刑役マスルールだったが、この人が後に知人に語ったところによると、ハールーンの気の小ささと故人に対する嫉妬心から起こったものだというのであった。他の理由としてあげられているのは、バルマク家が巨富を有していたこと、同家の人びとがあまりに長く権勢の座を保ったこと、バルマク家の政敵たちの讒言があったことなどである」という。またジャアファルがハールーンの妹を奪ったせいだとする人もある。

◉御佩刀持マスルール

黒人の宦官で、カリフ側近の死刑執行官であった。マスルールという名は幸福を意味するが、おそらくその職業からくる反語であったろう。

つねに長剣と円い敷皮をもって、カリフのそばにつき従っていた。長剣はカリフの機嫌を損じた者の首をはねるため、敷皮は首を斬られる人をその上に座らせ、血が床を汚さないようにするためのものである。

そして、長剣と敷皮が入用になることは多かった。ハールーンが誰かに対して激昂するや、その命令一下、マスルールは立ちあがって首をはねるのだった。

ハールーン病死のおり、その最後を看取ったのも彼である。

＊一　『世界の歴史8　イスラム世界』前嶋信次著、河出文庫。

アブー・ヌワース
―酔いどれ詩人まかり通る―

イスラム以前のアラビアには、多くの詩人がいた。彼らは妖霊《ジン》から霊感を受け、略奪と復讐と純愛とを歌った。のみならず大いに実践した。

英雄詩人

たとえばタアッバタ・シャッランという詩人がいた。この名は「不吉を脇に抱えるもの」という意味。あるとき彼のテントを敵が強襲したが、彼は留守で母親が「あの子なら死をもたらす不吉なもの（剣）を脇に抱えて出ていきましたよ」と答えたことによる。沙漠の盗賊団の一人で、またとなく足の速いつわものとして名高く、生涯を略奪と流血に明け暮れた。あるときなどはグールと出会い、斬り殺して、そのさまを歌によんだという。

たとえばシャンファラという詩人がいた。この男、敵の部族の者百人を殺すと誓いを立てた。九十九人を殺して自分も倒れ、屍《しかばね》は白骨となったが、後日その骨を敵の百人目が蹴ると、はずみで骨が足にささり、うんで死んだという。

たとえばカイスという詩人がいた。彼はいとこのライラを非常に愛していたが、ライラの父は娘を彼と結婚させることを拒んだ。彼は恋のあまりに狂い、人々からマジュヌーン（狂人）と呼ばれて砂丘をさまよった。彼の生涯は後世、多くの歌にうたわれた。

彼らの詩は実生活に沿っていたため、人々の喝采を得た。だが時代がくだると、その詩は実状に合わなくなった。かつて荒野を放浪し、略奪強盗を格好のスポーツと思っていた人々の子孫も、今は「平安の都」バグダードで贅沢な暮らしをしているのだから。

そこにさっそうと登場したのが、アブー・ヌワース（?〜八一四?）という人物だった。

俗物詩人

それまでの詩人は略奪と復讐と純愛を歌っていたが、アブー・ヌワースはそのすべてにくそくらえといい放った。そして、彼は酒と女と美少年を歌い、のみならずおおいに実践した。

アブー・ヌワースというのは自分で勝手につけた名前で、本名は別にある。ヌワースというのは古代イエメンの王者の名。アラブの名家の出に見えるようにと、こんな名前をつけたのだ（余談だが、西洋にもこれに似た話がある。フランスのオノレ・ド・バルザックという作家は、もとはオノレ・バルザックといった。貴族には名前にドがついていることが多いから、自分も貴族に見えるようにと思って勝手につけたのだという）。

アブー・ヌワースは若いころから放蕩無頼で名高かったが、一方では学問を好み、バスラの町のカラフという大学者について詩を学んだ。あるときカラフは弟子の才能を試すため「わしの死をいたむ詩をつくってみせよ」と言った。

アブー・ヌワースはたちどころに二編の詩をよんだ。師がそのできばえをほめると、弟子は言った。

「先生、死んでください。そうすればもっといい詩をつくりますよ」

「おまえ手をぬいたな」

「いいえ。ただ、先生が生きていては悲しみを誘う原因はどこにあるのですか」

また、このころアブー・ヌワースは、ある名家の侍女に恋をしたが、まったく相手にされなかった。彼は酒と女に溺れながら、ひたすら彼女のことを思って詩を書いては送りつけた。だがいっこうに効き目がなく、ついに絶望した彼は、故郷バスラを捨ててバグダードの都へのぼった。

「[*一]この失恋によって、彼は行状を正すきっかけを逸し、バグダードで酒に耽溺し、放蕩三昧の生活にのめりこんだ」

放蕩三昧を続けながらも、彼は詩心を忘れなかった。特異な才能はいつまでも隠れてはおらず、やがて時のカリフ、ハールーン・アル・ラシードの目にもとまり、宮廷への出入りを許される。

大詩人アブー・ヌワースの誕生である。

◉文学革命

当時、アラブの詩は型にはまったものがほとんどだった。

まず本題に入る前に、沙漠の丘に崩れ残る廃屋のさまが描写される。これは詩人のかつての友や恋人が住んでいたところである。荒れはてた廃屋は詩人にかつての楽しい日々を偲《しの》ばせる。

「マルフーブの地は荒れはて、人々は去った。人影はどこにもなく、ただ野獣の出歩くばかり。辺りのさまは変わりはて、死神が降り立ってこの地の世継ぎとなったかと疑われる」といった調子である。

アブー・ヌワースはこれが気に入らなかった。歌うべきことがあるなら、まっすぐに歌うべきだと思った。そこで彼の歌の出だしは、どれも単純で、単刀直入にわかりやすい。

「夜明け前、朝酒を思い浮かべて心が安らいだ」

「ある夜、私は幸せに寝た。色白のにこやかな若者の許に」

「マーリク（友人の名）よ、起きたら、まず酒をのめ。マーリクよ、高い値をつけられても、高いまま払え」

ざっとこのようなものである。

酔いどれ詩人まかり通る

アブー・ヌワースの名声は次第に高まり、カリフからも何度か褒美を賜った。ところが彼はその足で酒場へ向かい、金をたちまちに使いはたしてしまうのだった。また美女や美少年に目がなく、生活は乱脈をきわめた。

「人が寝静まった頃、若さに送り出され、私は亭主からその妻を寝取った」

「酒を飲むなと禁止命令が出たのだ。……それでも私は酒を飲む、生のままで。背中を八十回鞭打たれるのを知りながら」

「悪事も淫楽なしではつまらなく、淫楽も背教を伴わなければつまらない」

というありさまであったため、彼は何度も投獄され、ついには紙も買えない貧窮におちいった。

そこで彼はエジプトの総督を頼って都落ちし、総督を讃《たた》える歌をつくって金貨三千枚という大金を手にした。それも瞬く間に使いはたしてしまい、報酬の追加を求めると、ことわられた。そこで総督を中傷する詩を置いてバグダードに舞い戻った。

そのバグダードでも、カリフの一族を中傷する詩をよんだというので、たちまち投獄された。牢屋を出たり入ったりの暮らしが続くうちに、いつしかカリフ・ハールーンは死に、その息子アミーンとマアムーンの戦の時代になっていた。

彼は戦争が根っから嫌いだった。

「剣と戦いは私に何の関係があろう。私は遊びと楽しみのために生れてきたようなもの。……私は両腕も、楯も、どう使うか知らず、兜と胸当ての区別も知らないのだ。私の関心は、戦争が起きたら、逃げ道はどちらかということだ」

そんな彼はバグダードを巻き込んだ戦を、どんな思いでながめていたろうか。戦争が終わって間もなく、彼は死んだ。獄死だともいうし、病死だともいう。酒場のおかみの家で死んだともいうし、恨みを買って殴り殺されたとも、毒殺されたともいう。どれもまったくありそうなことだった。

死後、彼はイスラムじゅうで有名になった。『千一夜物語』にも、彼を主役とした話は多い。物語のなかで彼はハールーン・アル・ラシードの宮廷に仕えている。詩人の鋭い観察眼で人々の隠しごとを見抜き、まったく見てもいない情景を、その場にいあわせたかのように歌によむ。そのくせ色恋にかけてはまったく盲目で、女や美少年に会うと骨抜きになるのだ。

アブー・ヌワースの詩は今なお人々に愛唱されており、酒を飲まない人間も、彼の飲酒詩は好んで聞くという。

＊一　『アブー・ヌワース　アラブ飲酒詩選』塙治夫編訳、岩波文庫。以後、本項の引用はすべて同書による。

ハサン・サッバーハ
―「山の老人」と呼ばれた青年―

あらゆる少数派の例に漏れず、シーア派もまた四分五裂した。そのなかで、どうにか二派が生き残った。一つを十二イマーム派（二百四ページ参照）といい、一つをイスマーイール派（七イマーム派）という。誤解を恐れず単純化していえば、十二イマーム派は穏健であり、イスマーイール派は過激であった。

イスマーイール派はスンニ派からことあるごとに弾圧されたため、隠密裏の宣教を重視するようになった。ダーイーと呼ばれる布教者が階級的に組織され、その頂点に立つイマームは「最高ダーイー」と自称した。ダーイーたちは「これだ」と見込んだ人間に近づき、密かに教団に勧誘するのだった。二十世紀ならば彼らの勧誘はオルグと呼ばれ、ダーイーはオルガナイザーと呼ばれたろう。

このイスマーイール派を奉《ほう》じるファーティマ朝は、西暦十世紀なかばに最盛期を迎えた。当時その版図は北アフリカ、シリア、南アラビアに及び、メッカとメディナの両聖地をも支配下に置いた。だが十一世紀以降、同朝は軍人宰相の専横と新興セルジューク朝の攻勢によって没落の一途をたどる。

こうしてスンニ派に逆らう過激派の攻勢は終わりをつげたかにみえた。だが待っていたのは劇の終焉ではなく役者の交替に過ぎなかったのである。

鷲の巣の青年

ここに新たな主役として、ハサン・サッバーハ（?～一一二四）なる一青年が登場する。イラン生まれのイラン育ち、自ら説くところによれば「七歳より十七歳にいたるまで、諸学を好み、正しく神を知る者たらんと望んで、知識を求めてやまなかった」が、十七歳のときにイスマーイール派の勧誘を受けた。以後、彼は布教者《ダーイー》としてイラン各地を遍歴《へんれき》、多くの同志を獲得した。

一〇九〇年、ハサンはイラン北部エルブルズ山中のアラムート（鷲の巣）城を奪いとった。奪取の方法については諸説あるが、ハサンを祖とするニザール派の説くところによれば、城兵を改宗させたうえで夜陰密かに城内に潜入、城主を追放したのだという。ハサンはアラムートを本拠としてイラン、中央アジア、シリアなどに布教者《ダーイー》を送り、各地に反乱をおこしていくつもの都市と城塞とを手中に収めた。

だが一〇九四年、イスマーイール派に内紛が生じた。総本山にあたるファーティマ朝で、カリフの代がわりの際、本来なら後継者となるはずだった長子ニザールが宰相に謀殺されてしまったのである。このときハサンは独りニザールを支持し、ファーティマ朝本部と決裂した。これ以後、ハサンらはニザール派と呼ばれるようになる。

ニザール派はいわば「栄光ある孤立」を選んだといえる。このため同派の教団組織は非常に強固なものにならざるを得なかった。

キリスト教には教会というものがある。説教や宣教の専門家を育て、彼らに「鳩の柔和さと蛇の知恵をかねそなえる」人間であれと説く戦闘的な組織である。イスラム教にそれはない。唯一教会に近い宗教団体が、このニザール派であった。ハサンは絶対的権威への服従を説き、教団内部は軍隊のような厳しい規律によって治められた。ハサンの二人の息子すら、規律を犯したために処刑されたほどである。

ニザール派は政治的手段の一つとして暗殺を用いた。アッバース朝カリフやセルジューク・トルコの名宰相[*二]ニザーム・アルムルクも彼らの犠牲となった。そのニザームとハサンの関係について一つの逸話がある。

ニザーム、ハサン、そしてルバイヤートの詩人オマル・ハイヤームの三人は若年のおり同じ師について学問に励んでいた。三人は大の親友で「後日三人のだれかが身をたて名をあげたなら、かならずほかの二人を助けよう」と誓いあった。

やがてニザームはセルジューク朝に仕えて宰相の地位にのぼったので、二人を引きたてようとした。オマルは宮仕えを嫌って申し出を断ったが、ハサンはこれを受けた。そしてハサンは次第に栄達して、やがては宰相の位をうかがうようになった。

ニザームは自分の地位を守るため一計を案じ、ハサンが国の会計報告書をつくっているところへ間者をもぐりこませて、報告書をむちゃくちゃにしてしまった。失脚したハサンは怒り、社会改革をもくろむイスマーイール派に接近した。そして数年の後、ニザームはハサンの命を受けた決死隊員に刺殺されたという。

もっともこの逸話は、三人の年代からいってかなり無理があるのだが。

アサッシン

ともあれニザール派は「暗殺」によって有名になった。ことにシリアのニザール派は勇猛果敢であり、「アサッシン（大麻）派」として恐れられた。「アサッシン」とはスンニ派による侮蔑の言葉だったというが、とにかくスンニ派はこれを恐れ憎んだ。当時のスンニ派の文人ムスタウフィーは言う。

「これは確かなことだ。イスマーイール派のやつらは、ムスリムとみたら誰であろうと害を与えるのが自分たちの務めだと思ってる。多くのムスリムが残忍な殺されかたをすればするほど良いってわけだ」

英雄サラディン（二百三十ページ参照）もシリアのニザール派には手を焼いた。何しろサラディンはエジプトをファーティマ朝から奪い、シリアにも征服の手を伸ばした人間だから、これにニザール派の暗殺の手が伸びるのは当然だった。

サラディンは数度の襲撃を受け、ニザール派の討伐を決意した。シリアの要害マスヤーフを囲んで戦うこと長期に及んだが、ついにはこれと和睦しなければならなかった。というのはある夜、護衛を立たせて就寝中のサラディンの枕もとに、いつの間にか毒の短剣で一枚の紙片が縫いとめられてあり「どうあがこうとも勝利は我らにある」と書かれていた。さすがのサラディンも慄然とし、和議に応じたという。

ここまでは史書の伝えるところである。しかるに人間の想像力は広大であり、いわゆる史実なるものは氷山の一角に過ぎない。

◎ヨーロッパへ

ニザール派の暗殺活動にまつわる話は、十二世紀には十字軍士によって、十四世紀にはヴェネチアの旅行家マルコ・ポーロによってヨーロッパに伝えられた。

この大旅行家は土地の老翁の話として「シリアのアラモン山には一個の伝説的な超人が住み、暗殺団によって諸国の王侯をおびやかした。彼は『山の老人』と呼ばれていた。この老人は強健な若者を連れ去って大麻を飲ませたのち、美女の群れいる花園に遊ばせ、『再び楽園に遊びたくば、神に背く何某を殺せ』と命じた。暗殺者は再び大麻を服用、喜んで死地に赴くのであった」という伝説を伝えている。この老人がハサンであろうことはいうまでもない。

その後、十九世紀なかごろになって、ニザール派はヨーロッパ文学の世界で再び脚光を浴びる。大麻の流行を背景に、ロマン派と呼ばれる文学上の一流派の出現によって。

まず大麻。

十九世紀中盤からヨーロッパではハシーシュ（大麻）服用の悪癖が流行した。しかもヨーロッパでのハシーシュ服用は、イスラム圏のようにギーザ（水ぎせる）で喫うのではなく、ジャム状にしたり飲料に溶かしたりして服用するという危険なものであった。ボードレールによれば……。

「[*二]スミス、ガーチネル及びドクゥルチーヴ等の諸氏によってなされた実験は、アシーシュの特効原質を発見しようとするのを目的としたものである。……この脂状物質を得るためには、乾いた草を荒い粉末にし、何度かアルコールで洗浄し、これを気化せしめて、アルコールの大部分を取り除くのである。こうして得られたものは、柔く、濃い緑色をして、アシーシュ特有の匂いを強度に持っている。

コンスタンチノープル、アルジェリア、またフランスにおいても何人かの人々は、アシーシュを煙草に混ぜて吸う。しかし、そういう場合には、件の現象は、極めて穏やかな、いわば緩慢な形でしか現れない。

人から聞いたことであるが、最近、アシーシュから蒸留法で一種の精油を抽出したそうであるが、この油には、今まで知られていたあらゆる薬剤よりも遙かに強い効力があるらしい」

そしてロマン派。

それまでのヨーロッパ文学には暗黙のタブーがあり、扱う題材は限られたものであった。それはごく乱暴にいえば「現代か聖書かギリシア・ローマ」というものである。だが各国におこったロマン派の波が、この状態に変化をもたらす。ロマン主義文学は好んで「今ではない時代」や「ここではない国」をとりあげた。それは古代のエジプトやカルタゴであったり、中世のドイツやイスパニアであったり、十一世紀のアラムートであったりした。

なかでも有名なのがデュマの『モンテ・クリスト伯』である。復讐を誓ったエドモン・ダンテスは莫大な富を得たのち、仇敵に近づくため、その息子にハシーシュを勧める。そのときダンテスは緑色のジャムを差し出しながら、かつてシリアのアラモン山に住み、諸国の王者をおびやかした謎の人物、「山の老人」ハサン・サッバーハのことを語る。

むろんこのときダンテスは、自分のことをハサン・サッバーハに仮託《かたく》して語っているのである。かくしてハサン・サッバーハは、八百年を経て宗教とも組織とも無縁な謎の超人として蘇った。

この延長線上にくるものは、それからさらに数十年後、ヴィリエ・ド・リラダンの描い

た『アクセル』である。ドイツ東北部シュヴァルツバルトの森林中にいたく古びた城館を構え、伝来の財宝を守り、俗世と隔絶して暮らす公子アクセルは、財宝を狙って到来した親族に向かい、決闘を申し込む。

相手は「いいだろう。ただし教えてくれ、ここはどこなのか、そして君は何者なのか」と問う。

アクセルは冷然としてここは森であり要塞であると答え、そして言う。

「[*三]多分、君も聞いたことがあると思ふ……人呼んで『世界の屋根』といふかのシリヤ山上に築かれた、アラモン城の奥深くから、遙かな諸国の王者をして来貢の余儀無きに至らしめてゐた、遠い昔の一青年のことを。――その人物は、たしか、『山の老翁』と呼ばれてゐたと思ふが。――ところで……

このわたしは、『森の老翁』だ」

こうしてアサッシン派とハサン・サッバーハの像は、十九世紀フランスで完成をみた。二十世紀に入っても、欧米の大衆小説には「ハシーシュを飲んで暗殺を行うアラブ人」がしばしば登場し、それは日本の漫画にも受け継がれた。多くの漫画家・原作者が現代に生き残った「アサシン暗殺教団」の姿を描いた。教団の人々はハシーシュないしそれに類する麻薬を服用して死地に赴く。そして往々にしてハシーシュの効能で筋肉が二倍に肥大し、無双の筋力と敏捷力を発揮する。

ハサン・サッバーハから九百年を経て、ニザール派暗殺者の系譜はかくも見事な発展をとげたのである。

＊一　ニザーム・アルムルク（一〇一八～一〇九二）。イラン人の政治家。セルジューク・トルコの宰相となり、政治組織や軍隊の整備を行って同朝を大いに発展させた。また、主要な都市に学院を開設し、大いにスンニ派の学者を養成した。

＊二　『人工楽園』ボードレール著、角川文庫。

＊三　『ヴィリエ・ド・リラダン全集Ⅲ』東京創元社。

サラディン

——十字軍の好敵手——

十一世紀末、ビザンチン（東ローマ）帝国はアナトリア（今のトルコ）でセルジューク・トルコと領土争いをしていた。皇帝は傭兵を集めるため、「聖地イェルサレムでイスラム教徒がキリスト教徒の巡礼を迫害している」と言って西ヨーロッパ諸国の兵を募った。ローマ法王ウルバヌス二世は、これに応えて西欧の諸公に聖戦を呼びかけ、こうして戦がおこった。この出兵をのちのヨーロッパ人は十字軍と呼び、イスラム圏の人々はフランクの侵入と呼んだ。

当時イスラム世界は四分五裂の状況にあり、十字軍はその隙をついて聖地イェルサレムを占領、ここに王国を建てた。

この十字軍からイェルサレムを奪還した、イスラムがたの代表選手がサラディン（一一三八～一一九三）である。では、彼はどんな人物だったのか。

信仰の平安

サラディン。正しくはサラーフ・アッディーン（信仰の平安）といい、イラク生まれのクルド人である。シリアのザンギー朝に仕え、そのスルタンに重用された。当時、ザンギー朝はエジプトのファーティマ朝を事実上支配下においており、サラディンはそのエジプトの宰相に任命された。

コーランは酒を禁じているが、当時のアラブの騎士たちは平気で酒を飲んだ。サラディンも人なみに酒をたしなんではいたが、宰相位についてからは酒や娯楽を遠ざけ、よきイスラム教徒として生きるように努めた。

ファーティマ朝カリフが死ぬのを待ってエジプトを事実上自分のものとし、さらにザンギー朝のスルタンが死ぬのを待って、シリアまで版図に収めてしまった。彼自身はついにスルタンを名乗ることがなく、自分はアッバース朝カリフの代理人に過ぎないといったが、人は彼をスルタンと呼んだ。これがアイユーブ朝である。

こうして、エジプト・シリアのイスラム勢力は統合された。次はフランクだ。一一八七年、サラディンは聖地イェルサレムへ進軍。迎え撃つ十字軍はイェルサレム王ギーの指揮下、ヒッティーンの丘に野営する。

敵の布陣を知ってサラディンは叫んだ。

「アッラーはわれらに敵を引き渡し給うた！」

サラディン軍が湖畔に陣どったのに対し、ヒッティーンの丘はもと火山で水は一滴も出ない。しかも時、七月四日。草もまったく乾ききって、火をつければ燃えあがる季節だ。

日が昇ると、十字軍は包囲されていた。フランク人は渇きに苦しみ、風上から火攻めにあって総崩れになった。ギー王は捕虜になった。サラディンはこれに氷入りのバラ水をふるまい「王は王を殺さぬもの」と言っていたわったという。

王を失ったイェルサレムは三か月後に陥落。サラディンの雄略と寛大は、イスラム圏にもヨーロッパにも知れ渡った。

名人戦

だがフランク側も黙ってはおらず、ここに第三回十字軍が結成される。ドイツ、フランス、イギリスの三人の国王が参加していたため、世に「諸王の十字軍」と呼ばれる。

だがドイツ皇帝フリードリヒは進軍中に川で溺死、フランス王フィリップはリチャードと仲違いをして帰国してしまったから、事実上の主力はイギリス国王リチャードだった。

「獅子心王」と呼ばれる男で、治世のうちイギリスにいたのはわずか六か月。もっぱら戦に生涯を賭け、騎士道の精華とうたわれた。尊大で気が短く、国王としてはまったく落第だが、将軍としては恐るべき名将だった。

リチャード王は港湾都市アッカを陥落させ、そこからイェルサレムを突くのではなく南の港湾都市群へ向かう。現有戦力でイェルサレムを落としたとしても保持は不可能と考え、将来に備えて手近の都市を押さえておこうというのである。ともすれば猪突猛進のイ

メージのあるリチャードだが、戦場での判断だけは非常に冷静だった。

対するサラディンはつかず離れずこれを追撃するが、敵は常に行軍の脇を長槍兵で固め、イスラム騎兵の襲撃を許さない。サラディンはアルスーフの森で奇襲をかけようとしたが、これは敵に察知され、イスラム騎兵は撃退された。だが、サラディンは敵の動きを見て、リチャードの目ざす都市をアスカランだと見抜く。彼は、アスカランの城塞を徹底的に破壊し、敵が使用できないようにする。

長引けば不利になるのはリチャードだった。十字軍の指揮官たちのなかから「なぜ聖地イェルサレムを奪還しないのか」という声があがる。やむなく彼はイェルサレムに向かったが、補給線を断たれる恐れが出てきたと見て早々に撤退した。引きぎわもわきまえた男だった。

以後戦線は膠着《こうちゃく》し、翌年に休戦協定が結ばれた。サラディンはイェルサレムの領有権を確保、かろうじて面目を保った。

だがサラディンとリチャードの二人とも、終わりはよくなかった。

リチャードは帰路オーストリアで幽閉され、ようやく国に帰りついたのも束の間、かつての同志である仏王フィリップと戦って死んでしまった。

サラディンは和議の翌年、マラリヤで病死した。よきイスラム教徒であろうとした彼にとって、生涯ついにメッカ巡礼に行けなかったことは最大の痛恨事であったろう。

バイバルス
―奴隷王朝の風雲児―

サラディンの建てたアイユーブ朝が衰えたあと、これにとって代わったのがマムルーク朝である。

マムルークとは白人奴隷のこと。剽悍《ひょうかん》な中央アジアやカフカス[*一]の男たちを奴隷として買いとり、これに学問と軍事教練を施して重用するのである。彼らは勇敢な軍人であり、マムルークどうし強い仲間意識をもっていた。この種の奴隷は自由人よりもずっとよい暮らしをするのが普通で、なかには将来の出世を見込んで自分から奴隷になった少年もいたという。

アイユーブ朝もこの奴隷軍人たちを重用していたが、彼らがクーデターをおこしてマムルーク朝を建てたのである。

もともと裸一貫で出てきた人間の寄り合いだけに、この王朝ではスルタンを決めるのに家系をあまり重視しなかった。先王の息子が選ばれることもあったが、多くは能力と権力をもつ人間が選ばれた。

この王朝の第五代スルタンが、一代の風雲児バイバルス（一二二八?～一二七七）である。

風雲を望む

バイバルスは中央アジア、キプチャク大草原生まれのトルコ人で、モンゴル軍の捕虜となってアナトリア（今のトルコ）の奴隷商人に売られた。のちに思えば、このときモンゴルは最大の敵を自らつくってしまったのである。

その後、商人はシリアの地方領主にバイバルスを売り込むが、色が黒すぎて気にいらないと返却されてしまった。別の主人をみつけたが、片目に白そこひ（白内障）の斑点があるというので、これまた返却されてしまった。ようやくついた三人目の買い手がアイユーブ朝の人間で、ここから彼の出世がはじまる。

バイバルスはめきめき頭角を現し、一二五〇年には第七回十字軍のルイ九世を捕虜にして、その名は一気にあがった。直後のマムルーク朝成立のクーデターでも、バイバルスは首領株の一人だった。だがマムルーク朝の第二代スルタン・アイバクはこれを恐れ、バイバルスを除こうと策略をめぐらす。身の危険を感じた彼は、仲間とともに首都カイロを脱出し、シリアに身を潜めた。彼の伝記作者はいう。

「バイバルスは七年間異郷にあったが、少なきにたえ、けっして仲間を見捨てることはなかった」[*二]

一二五八年、モンゴル軍はバグダードを焼き、略奪をほしいままにした。これを知ったマムルーク朝の執権クトズは若年のスルタン・アリー（アイバクの子）を退位させ、自分がスルタンとなって、モンゴルと戦う決意を示した。

バイバルスはこの機会を捉え、仲間とともに首都カイロに戻ってクトズに仕えた。そこへモンゴルからの手紙が使者によって届けられた。

「[*三]ふたを開けてみて後悔する前に、諸国にならって降伏せよ。我々は泣き叫ぶも同情せず、哀れみを乞うもこれを受け入れない。我軍の馬匹は俊足、弓矢は先鋭、刀剣は電撃、士気は山のごとく高く、軍兵は砂のごとく無数である……」

クトズは使者の首を切って城門にさらし、軍を進発《しんぱつ》させた。時に一二六〇年。先鋒をうけたまわったバイバルスは、パレスチナのガザでモンゴルの先遣部隊を叩き、マムルーク軍の士気は大いにあがった。

この勢いを駆って、アイン・ジャールートの戦いでマムルーク軍はモンゴルに大勝する。無敵とうたわれたモンゴル軍を、イスラム世界の軍がはじめて破った戦いだった。クトズは上機嫌で、バイバルスにはアレッポの町の太守の位を約束した。

刺殺

しかし、約束は守られなかった。クトズの気が変わって、他の人間がアレッポの領主となった。クトズは、バイバルスがアレッポでの独立勢力となることを恐れたのだろう。

さて、カイロへの凱旋の途中、クトズは狩猟をもよおして大いに楽しんでいたが、ここ

へバイバルスが現れて、モンゴルの捕虜のなかから一人の美女をもらい受けたいと願った。クトズは快く受け入れる。バイバルスは感謝を表すため主君の手に接吻するふりをして、クトズがさしだした手をつかんで放さず、そのまま剣を抜いて主君を刺殺した。
　バイバルスはただちにスルタン位につき、カイロに凱旋する。スルタン・クトズの凱旋を見るものと思っていた市民は、スルタン・バイバルスの凱

旋を見てあっけにとられた。

地球を一周した男

バイバルスはすみやかに国内の実権を掌握した。以後、彼は治世のほとんどを馬上で送ることになる。何しろマムルーク朝にはたくさんの敵があった。十字軍、モンゴル、そしてニザール派。

そして大ざっぱにいえば、そのすべてに彼は勝った。特に十字軍とニザール派の勢力は、ほぼ完全にシリアから叩き出した。後世ヨーロッパの史家も彼のことを「腹黒い猛獣だが、天才的な軍人、たぐいまれな行政家」と呼んでいる。これは一人の人間が敵から受けることのできる最大の賛辞である。

彼は十七年間の治世に三十八回のシリア遠征を行い、その行程はつごう四万キロ以上になる。ほぼ地球一周に等しい。

サラディンには哲人の風があったが、バイバルスには任侠の徒の風があった。そしてこの男は、サラディンの天才がなし得なかったことを、底抜けの楽観主義で最後までやり抜いた。

だが最後は、その気風が命とりになった。サラディンは酒を飲まなかったが、バイバルスは大いに飲んだ。これが仇となって、あるとき宴会の席上で、馬乳酒[*四]の飲み過ぎでころりと死んだ。毒殺説もある。

死後その生涯は『バイバルス物語』となり、イスラム圏では『千一夜物語』や『アンタル物語』と並んで名高い。

＊一　コーカサスともいう。黒海とカスピ海の間の山岳地帯で、古来、多くの民族のモザイクとして知られる。
＊二　『マムルーク』佐藤次高著、東京大学出版会。
＊三　『エジプトマムルーク王朝』大原与一郎著、近藤出版社世界史研究双書。
＊四　馬の乳を発酵させた酒。アルコール度数は低く、しばしば水がわりに飲まれる。

『王書《シャー・ナーメ》』の英雄たち

―イランの英雄叙事詩―

『王書《シャー・ナーメ》』はイランの英雄叙事詩である。十世紀にフィルドゥスィーという人がこれを書いた。

当時イランはすでにイスラム教国であり、フィルドゥスィーもイスラム教徒だったが、登場する英雄たちは太陽神を崇めている（多少ボカシが入ってはいるが）。恐らくフィルドゥスィーというのは、世界ではじめて「自分と違う宗教の英雄を描いた人間」なのだ。当時イランはトルコ人の諸王朝に押されっぱなしであったから、イラン民族の誇りを鼓舞するため、あえて太陽神を崇める古代の英雄たちの活躍を描いたのだろう。

彼の名声は死後になってのものである。『王書』を土地の王に捧げたときも大した報酬を得られなかったという不遇ぶりだった。しかし、今なおイランでは民間で絶大な人気があり、わが国の琵琶法師のような「王書読み」が喫茶店に現れてはその名場面を語るという。「今」というにはやや古いが、日本人の旅行記から、そのありさまを引いてみよう。

「ギリシアの喫茶店《カフィニオン》[*1]と同じく、ここもまた男の天下であった。……『喫茶店』というコトバから、日本流の優雅にやさしく小ぎれいでモダンで芸術的なものを思い浮かべてはならない。先ず田舎の駅の待合室のごときものであろう。長いベンチに押し合いへし合いするまでにして座りながら、……小さなコップの紅茶を飲み、何かしら大声で談論風発し、あるいは水煙草の器具を前において、何時間でもプカリプカリやっている。そのうち『物語かたり《ストーリー・テラー》』が現れる。主として、この国の十六世紀（原文ママ。恐らくことわりなしに「十世紀」といわれたのを、イスラム暦十世紀ととったのだろう）の叙事詩人フェルドーシの詩を語るのである。身ぶりを適当にまぜて、彼はよろしくやる。聴衆のほうも、もうみんなきっとそらで知っているのだろう、サワリのところへくると、彼らも声を出して、ときならぬ合唱が店内にまき起こる。そのあと、『物語かたり《ストーリー・テラー》』は帽子をまわし、そのなかに、彼の一日の収入の幾割かがたまって行く」

『王書』は、四つの王朝の事跡を述べた長い長い詩であり、実に五万行にのぼる。そのなかには多くの英雄豪傑が登場するが、なかでも名高いのがカヤーニー朝（神話時代の伝説的王朝）時代の勇士たちである。

彼らの銘々伝を以下にあげる。

サーム

英雄ロスタムの祖父。登場の時にはすでに年老いており、地の文で活躍することはほとんどない。

だが息子のザールが恋に悩むとき、サームはイランの王に力ぞえを頼むため、一通の手紙を書く。手紙のなかで彼の語る竜退治のくだりを読むと、あるいはこの男、『王書』きっての豪傑ではなかったかと思われる。

「私[*二]がいなかったら、カシャフ川から現れて、世を泡のようにしたあの竜をだれが退治したでしょう。その長さは国から国にまたがり、その幅は山から山にわたりました。……竜の吐く火は禿鷹の羽根を焼き、その毒気で大地は燃えました。……私はこの世でだれ一人竜と戦う勇気がないと知った時、……象ほど巨大な馬にまたがり、鞍に牛頭の矛をつけ、腕には弓を、首に楯をかけて怖ろしい鰐のように進み出ました。私が竜に矛を振り上げるのを見た者はだれも私に最後の別れを告げました。……私は勇士にふさわしく、獅子吼のような叫びをあげ、……矢で口の真ん中を射ると、竜の心臓から血が吹き出てきました。竜が肉薄してくると、私は牛頭の矛を引き抜いて、……狂象のような竜の頭を打ち砕くと、その毒がナイル河のように流れました。……その脳髄で大地は山ほど高くなり、カシャフ河は胆汁の流れと化し、……私はその毒で長らく病み、その地方ではいく年も収穫はなく、焼けただれた茨しか生えませんでした」

ザール

サームの子。生まれながらにして白髪であったため、父はこれを忌みきらい、山に捨てた。だが捨て子は霊鳥スィームルグに育てられ、やがて父のもとに帰る（百十ページ参照）。

長じてカーブルの姫ルーダーベと恋に落ち、その城の窓下に忍んでいった。ルーダーベは長い髪を解いて窓の外にたらし、ザールはその香りに酔った（『ラプンツェル』『ペリアスとメリザンド』など、ヨーロッパ文学にも散見するモチーフである）。

ルーダーベは蛇王ザッハークの子孫であるため、イラン王から結婚の許しが出ることはあるまいと思われたが、サームの力ぞえでようやく許される。ザールとルーダーベの間の子が勇者ロスタムである。

ロスタム

イラン最大の勇者。たいへんな力もちで、歩くだけで足が岩にめりこんだ。困った彼は、少し力を減らしてくれと神に祈り、やっと人づきあいができるようになった。巨大な愛馬ラクシュ（百十九ページ参照）に乗り、サームの使った牛頭の矛と、鰐と異名をとる剣をもっていた。

あるとき国王カーウースが悪鬼《ディーヴ》の国に囚われたので（九十四ページ参照）、これを助け

に出ようとして父に道を聞いた。父は言う。

「道は二つある。一つは安全で長い。一つは近いが危うい。世の人はこれを七難道《ハフト・ハーン》という」

ロスタムはラクシュに鞍をおき、迷わず七難道に進路をとった。道中、①獅子を殺し、②沙漠に迷っては泉を見つけ、③竜を殺し、④魔女を殺し、⑤マーザンダラーンの地方領主ウーラードを捕らえて道案内させ、⑥悪鬼アルザングを殺し、⑦ようやく悪鬼の親玉・白鬼（百ページ参照）の眠る洞窟についた。

白鬼は眠っていたが、ロスタムは不意うちを好まず、雄叫びをあげてこれをおこした。白鬼は巨大な石臼をつかみ、煙のように立ちあがって近づいてきた。ロスタムは白鬼の片手片足を斬り落とすが、白鬼はなおも躍りかかり、勝負は組打ちになった。ロスタムは「今日生き残れたら永遠に生きておれよう」と思い、白鬼は「たとえ竜のようなこの勇士から生き延びても、手足を切られては朋輩《ほうばい》の悪鬼たちにあわせる顔がない」と思いつつ、大いに戦った。戦いは長きに渡ったが、ついにロスタムは白鬼を討ちとり、国王一行を救いだした。ロスタムの名は大いにあがった。これがロスタムの七功業である。

ソホラーブ

ロスタムと敵国トゥラーンの姫タハミーネとの間に生まれた息子。ロスタムは息子とは知らずにこれと戦って苦戦、「生まれたときの力を返してくれ」と神に祈ってようやく勝ち、息子に短剣で致命傷を負わせてしまった。

息子を刺してしまったと知ったロスタムは、ときの王カーウースに使者をやって、どんな傷も治すという霊薬を求めた。だが、王はトゥラーンの力をそごうとして渡さず、ついにソホラーブは息絶えた。

グルド・アーフリード

イランの女勇士。イラン・トゥラーン国境の「白城」と呼ばれる城の副将を務める。大将がソホラーブに敗れたのを見て、長い黒髪を鎖帷子とギリシアの兜に隠して出陣する。騎射にたけ、弓矢でソホラーブをさんざんに苦しめるが、ついにかなわず手どりにされた。ソホラーブは捕虜が女だったことを知って驚く。彼女は「女と戦ったと知れたならあなたの恥、隠しておくのがいいでしょう。私は砦に帰り、軍兵と砦を引き渡すよう交渉します」と言い、許されて城に戻った。そして、彼女は城兵一同と隠し穴から脱出する。だまされたソホラーブは激しく憤る一方、彼女に心ひかれるのを隠しきれなかった。ロマンスに発展したかもしれぬこの話は、しかしソホラーブの死によって幕を閉じる。

グーダルズ

八十人の息子を抱える勇士。槍と槌矛を見事に使うが、悲しみにくれるロスタムを慰める言葉はさらに見事だった。

「[*三]もし若者がこの世を去るとしても、だれが永遠に世に留まるか考えてください。われらはすべて死神に追われる獲物……道に長い短いの差こそあれ、死が来たら、われらは散って行く」

この口のうまさは、八十人の息子の母たちを口説くのにも有効だったろうと思われる。

ギーヴ

グーダルズの八十人の息子の一人。立派な勇士であり大将なのだが、叙事詩では使いっ走りをやらされることが多い。勝手な王のいいつけで、物探しや使者を務め、何年も荒野をさまようのだ。

トゥース

イランの騎士。象を旗印とし、現実にも象隊や獅子を率いる。

あるとき身勝手なカーウース王は、ささいなことからロスタムといい争い、「ロスタムを絞首刑にせよ」と言い捨てて玉座を立った。王は怒り、ロスタムはさらに怒っていた。このときトゥースはロスタムをなだめようとし、彼に殴られてさかさまに倒れた。

以後もしばしばロスタムと王の板ばさみになって苦しみ、ソホラーブに挑んでは敗走するなど、万事ついてない男という印象が強い。

スィヤーウシュ

カーウース王の王子。義母に言い寄られて拒んだため、義母は王に告げ口して彼をおとしいれた。彼は身の潔白を示すため、燃えさかる業火に馬を乗り入れ、火傷一つ負わずに出てきたという。

だがその後、やはり身の危険を感じて敵国トゥラーンに亡命、トゥラーンの王女ファランギースを娶《めと》った。ところが亡命先でも讒言《ざんげん》にあってトゥラーン王に疑われ、大軍の追っ手を向けられる。彼は勇敢に戦うが、ついに捕らえられ殺された。

ビージャン

イランの勇士だが、トゥラーンの姫マニージェと好きあったため、トゥラーン軍に捕らえられて深い穴に落とされた。自分の悲劇を繰り返してなるものかと思ったロスタムは、彼を穴から救い出し、姫と結婚させた。

イスファンディヤール

後年、老いたロスタムにとって最大の敵となった男。そのころすでにカーウース王は死に、グシュタースプ王の時代となっていた。王の息子イスファンディヤールは誇り高く武勇に優れ、ロスタムと同じように七つの功業があった。王は息子を嫌い、これを亡きものにしようと「ロスタムを殺せば王位を譲る」と言った。

イスファンディヤールはロスタムの止めるのも聞かず、この老雄に襲いかかった。ロスタムは勇敢に戦ったが、一つには老齢に勝てず、二つにはイスファンディヤールは天の祝福を受けていて、この世の武器では傷つくことがなかった。ロスタムは矢傷を受けて逃れ、かつて霊鳥スィームルグから授かった羽根を燃やした。たちどころに現れたスィームルグは、ロスタムの傷を癒したのち、戦いをやめるよう警告する。「イスファンディヤールを殺したものは、この世でもあの世でも幸せにはなれない」と。

だが戦いが始まってしまった今となっては、ロスタムは敵を倒すことだけを考えていた。ロスタムはスィームルグの警告を聞き入れず、イスファンディヤールを倒す武器を求める。スィームルグはやむなくロスタムを乗せ、一夜のうちにこの世のはてにいたって、一本の木を見せる。この木の枝からつくった矢だけがイスファンディヤールを傷つけられるのだという。こうしてロスタムはイスファンディヤールを射殺《いころ》した。

だが鳥の予言は成就《じょうじゅ》し、やがてロスタムは非業の死をとげることになる。

◉シャガード

ロスタムの異母弟。兄をねたみ、槍を仕掛けた落とし穴に落として致命傷を負わせた。だが瀕死のロスタムは穴からはいあがり、彼を弓で狙う。彼は木を盾にしたが、ロスタムの矢は大樹の幹もろとも彼を貫いた。

ロスタムの最後の言葉は「神よ感謝します。復讐をとげるまで、昼が夜に変わらなかった。恨みをはたすことができた」というものだった。

以後、イランには多くの英雄が出たが、ロスタムに勝る男はいなかったという。

＊一『何でも見てやろう』小田実著、講談社文庫。
＊二『ペルシアの神話』黒柳恒男訳、泰流社。
＊三『王書』フィルドゥスィー著、平凡社東洋文庫。

第三夜

魔術の世界

夜の物語のなかでは、多くの魔術が行われる。
ある者は居ながらにして千里の彼方のことを「見る」。
ある者は護符や聖なる言葉でジンやイフリートを「祓う」。
ある者は呪文で人間を猿に、鉛を黄金に「変える」。
そして篤信の行者たちは「祈る」ことでさらに恐るべき奇跡を行う。
どんな怪物も、英雄も、魔術の力には敬意をはらう。
だから今夜は、魔術の話をしよう。

アラビア魔術
—光は東方より—

「アラビア魔術」の名は高い。『千一夜物語』は魔術の物語として知られるし、ヨーロッパの占星術・錬金術はアラビア伝来のものだ。中世〜近世のヨーロッパには「東方の沙漠で隠者から魔術を伝授された」と称する魔術師が何人も出た。

薔薇十字団

代表的な例をあげれば、有名な魔術結社「薔《ば》薇《ら》十《じゅう》字《じ》団《だん》」の開祖クリスチャン・ローゼンクロイツ。彼は十六歳のときイェルサレム巡礼を志した。「無事ダマスカス[*1]に上陸してここからイェルサレムに向かおうとする。しかし肉体の虚弱から同地にぐずぐずしているうちに偶々薬剤の一件からトルコ人と知り合い、秘法に精通したダマスカスのアラビア人の賢者たちの話を聞き、たちまち聖地巡礼の志を捨ててアラビアの魔法に魅惑される。こうして賢者たちの教えを乞い……キリスト教信仰と認識との綜合を企て、かくて成就した成果を携えてようやく故郷に帰る」

この話はどこが面白いといって、キリスト教信仰という言葉は出てもイスラムという言葉は一言も出てこず、ともかく沙漠に東方の賢者がいるのだということになっているところが特に面白い。もちろん「イスラムの賢者から」などといえば教会が黙ってはいなかったのである。ほかの魔術師たちも、おおむね同様の言い回しをした。

ともあれ「アラビア魔術」の名は高い。だが、何もアラビアに上古から魔術・占星術・錬金術が栄えていたわけではない。先進諸国を征服し、それらの国々の学問を組みあわせた結果なのだ。年代順に話をすれば……。

◉憑《つ》きものの時代

イスラム以前のアラビアは、ごく素朴な社会だった。魔術もまた素朴で、もっぱら「神降ろし」というか「憑きもの」一点張りだった。巫《カーヒン》と呼ばれる男女がジンや多神教の神々《ターグート》に憑かれてお告げをくだすのである。

神官というものは、神に供物をささげ神殿を管理する人間であるとともに、神の言葉を人々に伝える人間でもある。だが遊牧生活のなかでは、大きな神殿はつくられず、込み入った礼拝儀式は発達しない。「神に供物をささげ神殿を管理する」ことより「神の言葉を人々に伝える」ほうに重点が置かれる。これが巫《カーヒン》である。

彼らは人間の世界とジンの世界の仲介者であり、未来のことを言い当てたり、ジンの世界のふしぎを語ったりする。これだけならいい話のようだが、そうではない。「もの憑き」は巫が望むときに来るのではないのだ。たいていの場合、自分で望むわけでもないのに突然何者かにとり憑かれ、自分の意識を失って自分ならざる「何者か」の言葉を語りはじめる。そのありさまは病の発作に似て、激しいけいれんに全身から脂汗を流し、謎めいた厳しい言葉を吐く。だから巫になることは、一面では尊いことだが、また一面では呪いであり、普通の人間ではなくなることだと思われた。

また、詩人も巫と同様にジンに憑かれて霊感を受けるといわれた。この時代、詩人と巫の区別はあまり明確でない。

言い伝えによれば、ムハンマドも啓示を受けたてのころは「おれはジンにとっ憑かれたんじゃないか」と恐れたという。彼はマントをかぶり、がたがたと震えた。だがマントに隠れても、天使ジブリールの姿は見える。どこへ逃げてもジブリールはついてくる。そして預言もついてくる。神がかりになり、全身を震わせながら、自分が思いもしないことを口走るのだ。ムハンマドは恐怖し、妻ハディージャに泣きついた。

「わしはジンに取っつかれたんだ！」

ハディージャは帯を解き、下腹にムハンマドの顔を押し当てて言う。

「そのジンとやらはまだ見えるかい？」

「見えぬ」

「じゃああんた、そいつはジンじゃないよ。色好みのジンがこんなことで逃げたりするもんかい。天使なら恥ずかしがりって事もあるだろうさ」

さらにハディージャはいとこのキリスト教徒を連れてくる。

「うちの亭主がこれこれこういうわけでさ」

いとこは言う。

「あなたは……そう、嘘つきと呼ばれるでしょうな。傷つき、追われ、戦いを挑まれるでしょうな。しかし私はあなたをお助けしますよ」

かくてようやくムハンマドも、自分に憑いたのは「良きもの」らしいと悟ったという。

だがムハンマドを嫌うメッカの実力者たちは「やつは巫だ、詩人だ、神がかりだ」と言い続けた。ムハンマドは終始これを否定し、自分は巫ではない（つまりジンに憑かれているのではない）という一方、巫や詩人を手ひどくやっつけた。


ともあれ、これがムハンマドの時代までのアラビアの魔術であった。

翻訳の時代

だが、そこにイスラムの大征服がおこる。沙漠のアラブ人は一夜にしてササン朝ペルシアを滅ぼし、ローマからエジプトとシリアを奪い、インドや中国とも国境を接するようになる。

　これらの諸地域は、どれもこれもアラビアよりはるかに古い文明と、古い学問と、古い魔術を持っていた。アラビアの学問の大半は、これら先進諸国の文献の翻訳からはじまった。八～九世紀にかけて、翻訳の黄金時代がやって来る。ギリシアの哲学、エジプトの錬金術、カルデアの占星術、インドの天文学と数学。そしてもちろん、翻訳され得ないもの……口伝や実践でのみ伝えられる手品や幻術もあった。ペルシアの幻術は古来名高い。

　こうして魔術の発展は準備された。

総合と発展の時代

はじめ、イスラム世界は一つの帝国のもとに治められていた。だが、やがてそれは分裂する。十世紀はじめには、イスラム圏にはバグダードのアッバース朝、カイロのファーティマ朝、コルドバの後ウマイヤ朝の三つの王朝が並び立つことになった。以後、イスラム圏が一つの国家に統一されることはついになかった。

　しかし学者の往来は比較的自由で、かえって複数の文化的中心のもとで、アラビア科学の黄金時代が現出された。

[*二]「アラビアのカリフ王国はたくさんの国家に分裂する。だがそれは学者が研究をつづけるじゃまにはならない。じぶんがコルドバあるいはブハラにいようと、バグダードあるいはウルゲンチにいようと、とにかくどこにいても、学者はじぶんを世界の一市民である、

と感じている。

どこの王も太守も、名のある学者や作家を、あらそってその宮廷に招こうとする。学校、図書館、天文台は、どんなりっぱな宮殿よりも、ずっとみごとに都市をかざる」

占星術・錬金術もまた、この時代に大きく発展した。

そして民間でも、諸国の俗信や魔法昔話が語り伝えられ、それがアラビア古来のジンの観念と結びついていった。

◎四つの魔術

こうして「アラビア魔術」が生まれた。それには大きく分けて四つの働きがあった。

見る

特別な人間は、常人に見えないものを見ることができる。星の動きを見て人間の運命を言い当てたり、人の顔や言葉のはしばしから心を読んだりする。占い師、占星術師、天文学者、詩人などがこの「見る」魔術を使う。

祓《はら》う

ジンや悪魔はさまざまなわるさをする。病や災厄の多くは彼らによっておこる。このほか、人の呪いやねたみも災厄をひきおこす。だが、これらはみな護符やおまじないによって防ぐことができる。一般の人間のほか、医師、ジンの専門家などがこの「祓う」魔術を使う。

変える

『千一夜物語』の魔術には変身が多い。美女を犬に変えたり、王子をザクロに変えたりするのが魔術師たちの得意技である。また賢者たちは錬金術によって鉛を金に変え、その過程で人の心をも変える。魔術師、錬金術師などがこの「変える」魔術を使う。

祈る

スーフィーと呼ばれる行者たちは、さらに偉大なことを行う。彼らは己を無にして神との合一をはたし、あらゆる奇跡を行うのである。

次項から、これら四つの魔術について解説する。

＊一『薔薇十字の魔法』種村季弘著、河出文庫。
＊二『人間の歴史 3』イリーン＆セガール著、岩波少年文庫。

見る

―占星術、観察術、詩人の目―

大昔の夜の暗さは、電気の時代に生きる我々には想像もつかない。そのころ、人々は夜ともなれば星を見て過ごした。星は方位や天候を知るだいじな手がかりだった。

星を見れば、いろいろなことがわかる。してみれば、賢い人間が星を見れば、世界のすべてがわかるのではないだろうか？

こうして占星術が生まれる。

占星術

占星術は世界中にあるが、古代バビロニアのものは特に後世に大きな影響を与えた。バビロニアでは七惑星（太陽、月、水星、金星、火星、木星、土星）が特に重視され、世界の運命はすべて七惑星の運行から読みとれるとされた。たとえば火星は動乱の星であり、これが逆行して火の星座に入ると内乱がおきるというのである。また個人の運命も多少は星と関係があるとされ、「今日は星が悪いから取引は明日にしよう」などということもあった。

やがて紀元前数世紀ごろに黄道十二宮（黄道に沿って存在する十二の星座）が成立し、これと七惑星の関係を利用する十二宮占星術が、ギリシア・ローマでさかんに行われた。この十二宮占星術は早くにインドにも伝えられ、インドでは五～六世紀に天文学・占星術が大いに発達した。

イスラムの占星術はギリシアとインド、双方から影響を受けて発達した。九世紀のバグダードの本屋には、ギリシアの天文学書『アルマゲスト』と、インドの天文学書『シッダーンタ』が並んで置かれていた。そこには多くの世紀、多くの国々の知恵が集まっていた。その後、アラビア占星術は個人の誕生ホロスコープを軸にして発展する（どうもバビロニアからギリシア、アラビアと、年代が下るにつれて個人を対象にした占いが増える。占星術師の数が増えた結果だろうか）。

人が生まれたとき、ちょうど地平に昇ろうとしていた星座がその人の星座である。だから「かに座」の人間、「うお座」の人間というものがあり、それぞれ異なる運命の支配下にあるというのだ。この思想はヨーロッパに伝わり、[＊一]現在の星占いの基本となった。

このほか、誕生時ではなく受胎時の星位をもとに占う手法もあった。

詳しい話をすると……。

[＊二]「星の法則の学問は多岐にわたり、誤りを犯すことなくそれを完全に行使することはできない。いかなる誤りも犯さぬほど正確な人はいないからである。……占星術師は十二宮の舎、黄道第三地域、三宮の司星、宮の区分、最高勢力発揚の位置、最低勢力の位置、損失の舎、歓喜、不幸、遠地点、近地点を等閑視してはならぬ。それから月の状態、善悪の星、様相、新月前の二日間、結合、分離、遠い光、遠い結合、運行欠如、野生的運行、反発、座の消滅、受諾、結合と接合の東向性と西方性、子供の寿命の長さを示す要素（ハイラージ）、ハイラージの宮の司星、贈り物、生命の長短、運行距離の五種の計算を視よ。そなたがこれらすべてに精通してから発言したら、予報は当たるであろう」

という複雑なことになる。

しかし本書は占星術の書ではなく、筆者も占星術には詳しくないので、ここでは占星術師たちの逸話をあげるにとどめよう。

マーシャー・アッラーフ（八〜九世紀）

ユダヤ人の天文学者・占星術師。

マーシャー・アッラーフというのは珍しい名前で「それはアッラーの御心まかせ」というほどの意味である。この言葉は邪視（二百八十五ページ参照）よけの文句として、よく護符に書かれ、子供や家畜の首に吊される。現代トルコではよく交通事故よけに車やトラックのフロントに書かれる文句だという。もとより本名ではなく、本名はヘブル語でマナセといった。

面白いことに、彼の占星術の多くはペルシア起源のものだった。彼が「人間社会の大事件はすべて木星と土星の合によるものだ」と説いたのはササン朝ペルシアの占星術によるもの。また、拝火教には千年紀という思想があって、世界は紀元前八二九一年に創造されて以来、千年ごとに一つの惑星の影響下に置かれるというものだが、彼はこれも自説にとり入れていた。政治的にもペルシア人に同情的だった。

占星術師として名高く、しばしば宮廷にも呼ばれた。アッバース朝の首都バグダード建設の際、彼は頼まれて星を見、確かにこの場所が吉兆の土地であると見て「建設を進めてようございましょう」と答えたという。当時、家や都市を建てる際に占星術師が占いをすることはよくあった。

さて、アッバース朝というのは「昼」の章で述べたように、イランのシーア派の反乱を利用してウマイヤ朝を転覆し、そのあとで反乱を叩きつぶした王朝だった。マーシャー・アッラーフはそのアッバース朝に乞われて星を見たが、この王朝が好きではなかった。公の場ではバグダードの未来は輝かしいものと予言したが、密かに別の予言を残した。「ヒジュラ紀元二〇〇年（西暦八一五年）にはバグダードは焼け、アッバース朝は瓦解し、地上の権力はペルシア人に移るだろう」というのだ。

この予言はなかば当たり、なかば外れた。八一二年、バグダードはアミーンとマアムーン（二百十七ページ参照）の戦いで確かに炎上するが、直後に再建され、再び栄華をとり戻す。そしてアッバース朝自体は一二五八年まで続くことになる。

おそらく私情を交えたぶん、予言に狂いが出たのだろう。なおアッバース朝の滅亡をちょうど世紀の変わり目に置くあたり、イスラムにも世紀末思想があるのだという感じで面白い。

アブー・マーシャル（?～八八六）

中世イスラム圏、最大の占星術師。ペルシア人。ヨーロッパではアルブマサルとして知られる。中央アジアのバルフで生まれ、バグダードで天文学・占星術を学んだ。寿命は百年に近く、晩年の風貌はまさに賢者というにふさわしかった。

彼は地上の事件はすべて天体の運行によるものだと信じており、その一例として海の潮の満ち干と月の動きの関係を解き明かした。また、あらゆる人々の誕生、生涯の事件、死の原因もみな星の影響によると説いて、のちの占星術師たちに大きな影響を与えた。

彼については虚実とりまぜて多くの逸話が伝えられている。

たとえばあるとき、カリフの御前にアブー・マーシャルともう一人の占星術師が侍っていた。このときカリフが言うには、

「御両所、ひとつ星をよんで、いまわしが何のことを考えておるか当ててみぬか」

「ようございます」

二人はやおら星宿をよみ、計算を行う。やがて二人は声をそろえて、

「されば陛下、おたずねは胎児のことでございますな。それも人間ではなくして、牛の胎児でございましょう」

「よく言い当てたものよ。しかし、どのような仔を生むと思う」

そこでアブー・マーシャルが言うには、

「黒で、額に白星がございます」

ところがもう一人が言うには、

「黒で、しっぽに白ぶちがございます」

そこでカリフは妊娠中の牛を連れてこさせ、人に命じて腹を裂いて仔牛をとり出させたところ、はたせるかな黒い毛並みだったが、しっぽの先が白かった。けれど、そのしっぽの先が巻きあがり、ちょうど仔牛の額に当たっていて、まるで星のごとくに見えた。

ひとびとは感嘆おくあたわず、二人の占い師は手厚いほうびをいただくことになったという。

またあるとき、同様にカリフの御前にアブー・マーシャルともう一人の占星術師が侍っていた。このときカリフが言うには、

「御両所、余はあるものを隠しているが、それが何かわかるかな」

二人は星をよみ、計算を行い、そして一人が答えるには、

「果物でございます」

アブー・マーシャルが答えるには、

「生き物でございます」

カリフは先に答えた占い師に「でかしたぞ!」、アブー・マーシャルには「はずれたのう!」と言って、一個のリンゴを投げ出した。

ところがアブー・マーシャルは、どうも腑におちぬ風で天文表をじっと見ていたが、やがてリンゴを手にとり、二つに割ってしまった。なんと、リンゴの内部は虫だらけではないか。

カリフは占いの正確さにびっくり仰天、手厚いほうびを与えよと命じたということである。

アル・キンディー（八〇一?〜八六六? 八七三?）

中世イスラムの占星術師は、ペルシア人やユダヤ人が多かった。そのなかで彼はめずら

しく純粋なアラビア人だったが「占星術師というからにはペルシア人かユダヤ人だろう」というので、中世ペルシアの逸話集『四つの講話』ではユダヤ人ということになっている。その逸話というのはこうだ。

ある日アル・キンディーはカリフの御前でイスラム教の導師の上座に座った。導師が「そなたはユダヤ教徒のくせに、なぜわしの上座に座る」と言うので、キンディーは答えた。「そなたの知っておることはわしも知っておるが、わしの知っておることをそなたは知らぬからだ」

「よかろう。わしは紙切れに一つ、ある言葉を書く。何を書いたか当てたなら、きさまの言い分を認めよう」

導師は見事な外套を賭け、キンディーは見事な装具をつけたラバを賭けた。導師は文字を書き、カリフの座ぶとんの下に入れる。キンディーは土を入れた盆に天球図を書き、しばらく何ごとか占っていたが、やがて言う。

「されば陛下、彼はあの紙に、はじめは植物、のちに動物となったものを書きました」

そこでカリフが紙をとり出してみると、そこには「ムーサーの杖」(百五十六ページ参照)と書いてあった。人々が驚き感嘆すること限りなかった。アル・キンディーは導師の外套をとり、それを人々の目の前で二つに切って、

「脚絆《きゃはん》にでもいたしましょう、ははは」と笑った。

この話はバグダードから中央アジアにまで伝わった。これを聞いた狂信的な一青年は、キンディーを生かしておくわけにはいかぬと思った。薄い鋭利な短刀を占星術の本にはさみ、術を習うとみせかけて、すきを狙って刺殺するつもりだった。彼ははるばるバグダードへ旅し、やがて首尾よくキンディーに会って「先生について星の学問をいささか学びとうございます」と言った。

キンディーはほほ笑んで言う。

「そなたがはるばるやってきたのは、星のためでなく私を殺すためだ。やめなさい。実際に星を学べば、そなたは偉大な占星術師になれよう」

見抜かれて青年は事実を打ち明け、短刀を折ってその場にひざまづいた。彼はキンディーについて十五年の間星を学び、ついに世界でもっとも偉大な占星術師となったが、この青年こそアブー・マーシャルであったという。

アル・ビールーニー（九七三〜一〇五〇以後）

ペルシア人。数学者、天文学者、占星術師、医師、科学者、地理学者、歴史学者、言語学者として有名。

ビールーンとはペルシア語で「外側」、ビールーニーとは「外側の人《アウトサイダー》」という意味だが、

別段この名前に神秘的な意味はない。単にホラズム[*三]の首都の「外側」で生まれたので、この名前がついた。

だが彼が常に「外側」に心ひかれる人間だったのも事実である。異教のインドに旅して見事な旅行記を書き、またこの世の外の天宮の運行を探った。

この世のことには恬淡《てんたん》としており、金は食うのに入り用な分だけしか手元に置こうとしなかった。そして食うのに入り用な分はいつでもあった。あるとき、彼は一国のスルタンに乞われて星の運行の表をつくった。スルタンはお礼に銀貨をいっぱいつんだ象を贈ったが、ビールーニーはこれをそっくり送り返してしまったということである。

　ほかにもこんな逸話がある。

　あるときガズナ朝のスルタンは、四つの扉のある部屋にビールーニーを呼んで言った。

「この部屋には四つの扉がある。余がどこから出るか当ててみせよ」

　ビールーニーはアストロラーベ（天文観測儀）を求め、これを見てしばらく星をよんでから、答えを紙に書いて座ぶとんの下に入れた。

　するとスルタンはツルハシとシャベルを持った人夫を呼び、壁に五番目の出口を掘ってそこから出た。

「ははは、これは予測がつかなんだであろう」と言い、上機嫌でビールーニーの書いた紙を開いてみると、

「王は壁に穴をあけてお出になります」とあった。王は言い当てられて怒り、彼を牢屋にぶち込んだ。王様の機嫌をとるのは難しい。

オマル・ハイヤーム（一〇四八～一一三一）
　ペルシア人。ルバイヤート（四行詩）の詩人として有名だが、本業は天文学者・占星術師であった。「占星術の予言は信じるに足らない」と言いながら、しばしば予言をし、言

い当てた。

なにぶん学者肌でつきあいがわるく、弟子にも愛想がなかったというので、人によって好き嫌いは極端に分かれるのだが、彼を敬愛していた弟子は次のような逸話を語っている。

ある冬のこと、ホラーサーン[*四]のスルタンは狩猟をしようと考えた。そこでオマルに命じて言った。

「数日雪も雨も降らず、狩りによい時期を選ぶように」

オマルは二日の間、天文をうかがい、慎重に時期を選んだうえ、狩りには自分も同行した。スルタン一行が出立するや、にわかに空はかき曇り、風がおこり、雪とあられが降ってきた。お供の人々はオマルを笑い、スルタンは引き返そうとしたが、オマルは言う。

「ご心配にはおよびません。雲はすぐにはれ、この五日間は一滴の雨も降りません」

そこで王が馬を進めると、はたせるかな雲ははれ、その五日間は一滴の雨も降らず、雲を見た者さえいなかったという。

マハムード・ダーウーディー（十一～十二世紀）
ペルシア人。予言は百発百中だが、赤んぼう同然の白痴だった。あるときスルタンのもとに二匹の闘犬が送られてきたのを見て、みずから進んでこれと戦い、無事に逃げだしてきた。

その後、人々が彼を交えて話に花を咲かせていたとき、ある人が「ああイブン・スィーナー（高名な哲学者・医者。五十四ページ参照）はなんと偉大な人間であったことか」と言った。聞くやダーウーディーは青すじを立て、怒りに声を震わせて言った。

「イブン・スィーナーってのが誰だか知らんが、おれはそいつの千倍偉い。そいつは猫とも戦ったことがなかろう。おれは二匹の闘犬と戦ったぞ」

このように彼は完全に狂っていたが、予言は百発百中だった。

あるときスルタンは小川で釣りをしていて、彼に「こんど余が釣る魚はどれほどの目方があるかな」と問うた。彼はしばらく占いをしたのち「十五キロはありましょう」と答えた。人々は「そんな大魚がとれるものか」とあざけり笑うが、彼は「黙らっしゃい」と一喝する。しばらくするとスルタンの針に大きな魚がかかり、はかってみると何と十八キロあったので、人々は驚くこと限りなかった。

観察術

こうした逸話を聞くと、占星術師が星を見れば、この世のすべてがわかるらしいという気分になる。だが当の占星術師たちは、とんでもないと言うだろう。占星術にもできることとできないことがあると。

思うに、占星術がこれほど便利なものと思われたのは、中世にひろく信じられた観察術《フィラーサ》のせいではなかろうか。

観察術《フィラーサ》とはひろい意味をもった言葉で、しいて定義すれば「外を見て内を知る術」「目に見えるものから、目に見えないものをよみとる術」となろうか。

・人相見（人間の顔色、体型、手足、痣や黒子などから人柄を推測する）
・手相見
・足跡見（足跡を見て人の健康や精神状態を判断する）
・家系学
・沙漠で足跡をよむこと
・失せもの探し
・貴金属の探知
・雨の予知

これを一括してフィラーサと呼ぶ。これらすべてをきわめれば、なるほど、たいていのことはわかるだろう。また信仰あつい賢者は、こうした個々の技術の修練をすることなく、ただ信仰の目によってすべてのものを見通すといわれた。

後世の言い伝えによればムハンマドは「真の信徒の見通す目を畏れよ。その者は神の光もてものを見るがゆえに」と語ったという。

また世間では「信仰あつい人と語るときは真実を語るがいい。そうした人は心の探り手で、気づかれずに人の心のなかに入って出てくることができるのだから」「もっとも深い信仰をもつものは、もっとも鋭い洞察力《フィラーサ》をもつ」などとも言われた。

それはそうと、この格言はどうも疑わしい。なぜなら民間伝承で「もっとも鋭い洞察力をもつ」とされている人間のなかに、あの酒と女と美少年が大好きな最低の俗物アブー・ヌワース（二百十三ページ参照）がいるのだから。

詩人の目

アブー・ヌワースは『千一夜物語』のなかによく登場し、多くの物語でその洞察力を発揮する。

たとえば「ハールーン・アル・ラシードと三人の詩人の話」という話がある。

ある夜カリフ、ハールーン・アル・ラシードが一人の女奴隷にたわむれかかると、女は答えて「明晩までご猶予くださいますよう」と言った。そこでカリフもその夜は納得し、引きあげた。翌日女のところに使いを立てると、女奴隷が使者に託した答えはこうだった。

「夜のことばは昼が消す！」

当意即妙の受け答えにカリフはいたく感嘆し、そばに侍っていた三人の詩人に、この言葉をよみ込んで詩をつくれといった。詩人のうち二人がとりどりに見事な詩をつくったのち、三人目のアブー・ヌワースがよんだ詩は一段と見事で、まるですべてのいきさつを見ていたかのようだった。

カリフは言う。

「前の二人に銀一万枚を与えよ。アブー・ヌワースは即刻斬首。こやつ、わしの後宮のいちぶしじゅうを見ておったにちがいない」

「お許しを。ただあなたさまのお言葉から、歌心をくみとりましたまででございます。コーランにもいうではございませんか、『詩人はタワゴトを言い、見もせぬことを見たように言うもの』と」

そこでハールーンも機嫌を直して、アブー・ヌワースに銀二万枚を与えたというのである。

ほかの逸話もおおむねこういう調子で、アブー・ヌワースの「詩人の目」というべき異常な知覚力を扱っている。

詩人というのはどこの国でも、何しろ尋常でない人間だ。一見馬鹿のように見えて、よく人情の機微をうがつ。なかでも『千一夜物語』のアブー・ヌワースは、カリフ宮廷の道化役を兼ねるから、いよいよ賢いのか馬鹿なのかわからない。

ともあれ、彼もまた占星術師や観察術使《フィラーサ》いと同様、常人に見えないものを見ることのできる人間だったことはまちがいない。

これが「見る」魔術である。ふしぎなものに見えるかもしれないが、必ずしもそうとばかりはいえない。我々もまた、友人どうし連れ立って道を歩いていても、実際に何を「見る」かは一人一人異なる。たぶん、それをもう一歩進めたのが「見る」魔術なのだろう。しかし世のなかには「見る」だけでなく、それ以上のことをしなければならない人々もいる。医者は病を見たのち、それを治さねばならない。また、世のなかはジンでいっぱいだから、それを見抜いてジンのいたずらを止めさせる専門家もいる。

彼らの使うのが「祓う」魔術である。

＊一　ただし現在の占星術では「人が生まれたとき地平に昇ろうとしていた星座」ではなく「人が生まれたとき太陽が位置していた星座」で占うことが多い。

＊二　『ペルシア逸話集』黒柳恒男訳、平凡社東洋文庫。

＊三　中央アジア、アム・ダリア下流域一帯を指す名前。古くから東西文化の要衝にあたり、やがてイスラム文化の中心地の一つとなった。

＊四　イラン北東部の一地方。

祓う
―ジンよけ、邪視よけ、呪いよけ―

この世はジンでいっぱいだ。

変幻自在のジンはどこにでも現れ、そしていろいろな災難をもたらす。どんなときにも油断はならない。『千一夜物語』によれば、ある商人がナツメヤシの実を食って種を投げると、その種が人の目に見えぬジンの子供に当たり、子供はたちどころに死んでしまった。そこで親なるイフリートは大いに怒り、抜き身の剣を引っさげ、両眼から火花を散らして商人に詰め寄ったという。

これはよほど不運な例としても、人はいたる所でジンに悩まされる。たとえば人が暗い道でつまずくのは、ジンに突き当たったため。眠りながら歯ぎしりするのはジンが忍び寄ってきたから。食べても食べても満腹しないのは、腹のなかにジンがいて食物を横どりするためだ。

ジンのせいでおこる病気もある。

・けいれん、てんかん、卒中、痛風、神経痛、発狂など発作性の病気。
・半身不随、手足のしびれやねじれなど神経系の病気。

・コレラや天然痘などの疫病。
ジンは人の体内にもぐり込んだり、体の外からたたいたり、矢を射かけたりして病気をおこす。

深夜に鏡を覗くと、自分の目と目の間に豆つぶほどなジンがいるのを見ることがあるが、そういう場合は目に炎症をおこすおそれがある。

もっともジンに襲われやすいのは生まれたばかりの子供やその母親で、ジンニーヤ（女のジン）のなかには自分の赤ん坊と人間の赤ん坊をとり替えてしまうものもいる。

また、いいなずけどうしの男女も危ない。性悪なジンは、人のいいなずけの娘を横どりするのが大好きなのだ。もしこの危機をくぐり抜け、首尾よく結婚にこぎつけても、まだ油断はできない。ジンはときとして家庭生活をさまたげ、結婚をだいなしにするのだから。

ジンよけ

以上、ジンのわるさはひどいもので、ほっておいては大変なことになる。

これを防ぐ方法は二つある。前もって用心することと、事がおこってからジンを「祓う」こと。前もって用心するのは誰にでもできるが、いざ事件がおきてしまうと、専門家に頼むことになる。

まずは自分でできる方法から紹介しよう。

・水辺、火のそば、廃虚など、ジンの好む場所を避けること。やむを得ずそうした場所に入るときは、汚したり、つばを吐いたり、小便をしたりしないこと。

・いつも「神の御名において」「神の許しがあるならば」などと言ってから行動すること。物をタンスにしまうとき、品物を店に置くときそうすれば、その物品にはジンも手出しできない。

・ジンは午前三時ごろ起きて、もっとも活発に動き回るから、この時刻には私語をつつしむこと。光明を嫌い暗黒を好むから、赤子や産婦のそばには灯火を絶やしてはならない。埋葬前の死体のそばもそうだ。思うに、もしも火を絶やせば、死体にジンがとり憑くだろう。インドにも屍鬼《ヴェーターラ》といって埋葬前の死体にとり憑き、口をきかせたり動かしたりする魔物がいた。


つぎに専門家に頼む方法。

専門家といっても二種類ある。

一つは医者で、彼らは薬を処方して人の体からジンを追い出してくれる。

ジンは塩、鉄、鋼《はがね》、タールと火薬を嫌う。このためタールを薬として服用することもある。ほかに、ミョウバン、芸香《うんこう》、大麻、まんねんろう、安息香、ヘンナなど、ジンの嫌いな香り高い品々を使って薬を処方する。

医者のほかには、さあなんと言おうか「ジンとつきあう専門家」とでもいったものがいる。日本語にはよい訳がないのだが、アイルランドなどでは妖精学者と呼ぶ。

「今*一いふ妖精学者は隊を組んでゐる妖精達を友達にしてゐます。かういふ学者は、牛乳からバタがとれなかつたり、牛から乳が出なくなつたりすると、呼び迎へられて、その不幸の原因が普通の事か、それとも何か魔力でもかかつてゐるか、それを見てやるのでした。そんな時には大概、鬼婆が兎の姿になつて牛乳を搾つてゐるか、『死人の手』を使ふ

者が自分の攪乳器の中へバタをぬきとつてゐるかどちらかでした。で、いずれにしても、かういふ学者はまじなひをします。学者は、また、替え子らしいと思はれる時にも、どうしたら好いか教へてくれ、また、『妖精風』の時にもどうしたら好いか教へてくれます。（妖精に打たれると、瘤が出たり、麻《しび》れたりします。これを『妖精風』とか、『妖精打ち』とかいひます。）」

イスラム圏の妖精学者（妖霊学者？）も、大体これと変わらない。ジンのせいで病や不幸におちいった人は、よく妖精学者に相談にいく。妖精学者は偉い学者や導師であることもあり、無学な村夫子や町のおじさんであることもある。

いずれにせよ、妖精学者は罪あるジンを呼びだし、これと談合して、犠牲者から離れるようにいう。わびを入れて引きさがってもらうこともあり、おどかすこともある。

ジンがよほどに性悪なやつで、おどしてもすかしても出ていかないときは、最後の手として実力行使に出る。まじないの文字や絵を描いたり、石榴《ザクロ》（天国に生えている木。百二十五ページ参照）の小枝で病人を打つのである。

呪い

ジンと同じほど恐ろしいのは、人のねたみと呪いである。人に呪いをかけるのを専門に請け負う呪術師もいた。

呪いのかけかたはさまざまだが、有名なところでは……。

・両手の指を組みあわせて頭上にかざし、相手の名前を含んだ言葉（「何某に神の呪いあれ」など）を繰り返し唱える。
・紐にいくつもの結び目をつくり、そこに息や唾を吹きかけながら、ささやくように呪いの言葉を唱える。
・相手をかたどった人形をつくり、星が特定の位置にきたときを見はからって神に対する不信の言葉を吐き、悪魔の助けをかりて相手を呪う。

これによって人は、ちょうどジンに魅入られたと同じように、病や不幸におちいる。ジンは疫病で人を殺すことがあるが、人が人を呪うときは、直接に相手の死そのものを願うことさえある。

邪視

邪視というものがある。ねたみや憎しみのこもった視線が人に災《わざわい》をもたらすことをいう。

「邪視は人家を空にし墓場をいっぱいにする」「人間の半分は邪視のために死ぬ」などといわれている。また、食事中に邪視にあうと、特に毒のまわりが速いともいわれている。

人は誰しも多かれ少なかれ邪視を行いがちなものだから、邪視を避けるために「人がうらやましがるものは、率先して相手にあげてしまう」という風習が、イスラム圏には多少ある。だからたとえばエジプトには、人やものをほめたあとで「～を見る私の目は冷めている（＝私は邪視を抱かない）」と付け足す習わしもある。こうすれば相手に無用な出費をさせずに済むのである。

だが、なかでも特に邪視の力が強い人というのはいる。たとえば、眼窩がくぼみ眉根がけわしく寄った人の目は危険である。片目、つながった眉、青い目、動物の特に蛇の目なども危ない。女性、特に老女の目も危ない。

そして、富める人、幸せな人、幼児、美人、妊婦などが特に邪視の難にかかりやすい。一説によれば、女性が家のなかにこもり、外出の時はベールで顔をかくすのも邪視をさけるためであるという（これは誤解されやすいのだが、ベールとイスラム教の間には、本来それほど関係はない。コーランには女は顔を隠せとは書いていないので、ベールや頭巾《チャドル》の扱いは国や地方によってさまざまである。エジプトでは都市の女性がベールをつけていても、農村の女性はつけていないといった事態が多々ある。一方、アフガニスタンでは都市の西洋化した女性は頭巾をつけていないが、田舎の女性はほぼ全員がつ

けている)。

余談だが、仏教やユダヤ教にも邪視の概念はある。ユダヤの経典タルムードによれば、邪視の本場はバビロンであり、かの地では自然死をとげる一人に対し、じつに九十九人もの人間が邪視のため命を落とすという。

呪いよけ・邪視よけ

こうした恐ろしい呪いや邪視からも、身を守る方法はある。

呪いにはコーランの文句、特に最後の二章が有効とされる。

第百十三章　黎明

慈悲[*二]ふかく慈愛あまねきアッラーの御名において……

言え、「お縋り申す、黎明の主に、

その創り給える悪を逃れて、

深々と更《ふけ》わたる夜の闇の悪を逃れて。

結び目に息吹きかける老婆らの悪を逃れて、

妬み男の妬み心の悪を逃れて。」

第百十四章　人間

慈悲ふかく慈愛あまねきアッラーの御名において……
言え、「おすがり申す、人間の主に、
人間の王者、人間の神に。
そっと隠れて私語《ささや》く者が、
ひそひそ声で人の心に私語きかける、
妖霊《ジン》も私語く、人も私語く、
その私語《ささやき》の悪を逃れて。」

このほか第一章「開扉」などもよく使われる。

邪視に対してもコーランの文句がよく使われる。このほか火をたいたり、燻蒸消毒《くんじょうしょうどく》をしたり、塩やミョウバンをまいたりする。

五という数も邪視よけになる。邪視をもった人の前に右手（五本の指）を出し「あなたの目のなかに五」と言うのもよいという。

それ以外では、先ほども書いたが、女性はベールで顔を隠し視線を避ける。男の子は女として育てたり、ボロを着せて人目につかないようにしたりする。また、護符の使用もよく見られる。

護符

護符とは魔よけの御守りのこと。邪視、呪い、中傷、病、災難などから逃れるために、首に吊したり、財布、ターバン、腕輪、足輪などに縫い込めていつも身につける。一枚の紙の場合は三角に折って縫い込むことが多い。

有史以来、世界中で行われている風習である。アラビアでも古くから行われたが、ムハンマドはみだりに多くのものに助けを求めることを禁じ、神の名およびコーランの章句のみ護符に使うことを認めたという。もちろんこの戒めは守られず、後世、護符の中身は以下のように多様でにぎやかなものになった。

・コーランの章句。
・スライマーン（ジンを自在に操ったという）に関する言葉。
・諸天使に関する言葉。
・月や星やモスクの形。
・天体・十二宮・星座などの図。
・動物。特に蛇やサソリなど、毒ある生物の絵。
・人頭獣身の生物の絵。
・貴重品、貝、骨などの実物。

ざっとこうしたものである。このほか、有名な護符としては以下のようなものがある。

ナザール・ボンヂュウ

目をかたどったものは邪視よけになる。これもその一つで、青い石に目の印を描いたもの。もっぱらトルコで使われ、子供や若い娘がよく身につけている。

ファーティマの手

ファーティマは預言者ムハンマドの娘で、アリーと結婚してハサンとフサインの二人をもうけた。後世、理想の女性とみなされ、特にシーア派世界ではファーティマの手をかたどった護符が愛用された。

開いた手のたなそこに目を描いたもので、紙に描いたり金属板に打ち出したりして護符にする。人間のほか、家畜の首に吊したり、自転車や自動車の前・後部につけたりもする。「ファーティマの手」と呼ばれる以前から西アジア・地中海で行われていたものらしく、古代カルタゴの遺構からも発見されたという。

方形護符

方形護符《ジャドワル》とは護符のなかでも、特に正方形のなかにアラビア文字や数字、魔法の言葉、神や天使の名前、七惑星や七曜日、四大元素の名、コーランの一節などを書いたもの。身につけるほか、燃やして人を煙でいぶしたり、書いた文字を水で洗い落としたのち、その水を飲んだりもする。

また魔方陣《ワフク》を描いたものもある。これは正方形のなかに数字を並べ、その数はたて・よこ・なゝめ、どのようにたしあわせても同じ数字になるというもの。

ここからブドゥーフという概念も生まれた（二百九十二ページコラム参照）。

これが「祓う」魔術であり、専門家のほか、一般の人々も日々の暮らしのなかで行っている魔術である。

しかし世のなかには、ジンを「祓う」だけでは飽きたらず、彼らと交渉して幻術・変化・変身の術を教わるものもいる。また、物質生成の秘密そのものを極めて鉛を金に変えようとする学者もいる。彼らの使うのが「変える」魔術である。

＊一　『隊を組んで歩く妖精達』イエイツ著、岩波文庫。

＊二　『コーラン』井筒俊彦訳、岩波文庫。

ブドゥーフの意味

ブドゥーフという言葉に本来意味はない。無意味な言葉などというものがあるのかというだろうが、それがあるのだ。

左のような魔方陣がある。

4	9	2
3	5	7
8	1	6

次に、アラビア文字をアブジャド（アルファベットの並べかたの一種）順に並べ、それぞれに数字を対応させる。1はA、2はBというように。すると次のようになる。

D	Ṭ	B
J	H	Z
Ḥ	A	U

この魔方陣の四すみの文字をつなげるとBduḥ となる。これがブドゥーフという名前の由来な

のだが、この言葉に、後世には無数の意味が与えられた。

一説によればこの名前は、ペルシア語の「金星《ビードゥフト》」によるという。しかし、より一般的にはブドゥーフは永遠性をつかさどる土星と関わりが深いものとされ、この名前をはじめて口にしたのは人類の始祖アーダムであるという。

また、ブドゥーフとは偉大なジンの名前で、その名を文字もしくは数字で（２４６８と）書くことで従えることができるという説もある。

さらに、別の説によれば、これは昔の信仰あつい商人の名で、彼の手紙や小包は決して行方知れずになることがなかったという。

なんと、アッラーの御名の一つであるという奇説もある。

いずれにせよ、この言葉は使いようによって幸運も不運も呼びおこす。それは胃痛、生理不順、性的不能を治し、また人を透明にすることもできる。

そこでこのブドゥーフという文字は、宝石、金属板、腕輪に彫られたり、護符にしてもち歩かれた。書物のはじめに書いて厄除けとすることも、また手紙や小包がちゃんと届くよう、包みに書くこともあった。

変える

―幻術、変身術、錬金術―

この項で扱うのは、魔術のなかの魔術というべきもの、ものの姿を変える術である。アラビア語で魔術のことをシフルというが、これは本来「まどわし」を意味し、もの本来の姿をそうでないものに置きかえることを指す。ハンカチを鳩にしたり、縄を蛇にしたりするのである。

人によってはこれを催眠術とも手品ともいうが、ムハンマドによれば必ずしもそうではなく、魔術というものは実際にこの世にあるという。どちらが本当なのか、それは結局、術を使っている本人にしかわからない。いずれにせよ、変化変成の術は魔術の代表とされた。

華麗なる変身術

『千一夜物語』の魔術もおおかたは変身の術である。魔法使いや魔女が人に水をふりかけ、呪文を唱えると、相手はたちどころに犬や猿やロバに変わる。こうなってしまっては絶世の美女もりりしい若者もかたなしで、口をきこうにも出てくるのは獣の声ばかり。自分の肉親や友人までもが自分を獣として扱う。ほかの親切な魔法使いに術を見破ってもらい、呪文を解く呪文を唱えてもらうまではどうしようもない。

そして術を解いてくれる親切な魔法使いは、往々にしてしかえしの方法まで教えてくれる。

「相手のすきを突いて水をふりかけ、逆にあなたが呪文をとなえるのです……」

こうして復讐はなされる。

しかしこれは、悪い魔法使いや魔女が「相手はシロウトだから」と思って油断しているからできること。双方にすきがない場合、魔法使いどうしの戦いはどうなるのか。

イランの民話にこういう話がある。


昔、貧しい芝刈りの息子が、王女を一目見て互いに好きあった。そこで王は結婚を思いとどまらせようと若者に難題を吹っかけた。

「この国にはバーザルジャーンという魔術師がおり、ふしぎな術を使う。たくさんの若者がバーザルジャーンに弟子入りするが、術をすべて覚えた者は、みな、たちどころに殺されてしまう。この魔術師の術をすべて覚えてくれれば、王女はおまえのものだ」

そこで若者は魔術師に弟子入りし、首尾よく術を覚えて逃げ出した。

しかし若者が家に帰ってみると、働き手のいない家は貧乏のどん底だった。彼は父母の哀れなさまに、思わず王女のことも忘れて言う。

「父さん、私は馬や羊に姿を変えます。私を市場に連れていって売り、その金で暮らしを立て直してください。私はかならず戻ってきますから」

そして、若者はたびたび術を使って親孝行をした。ところが何度目かに、市場へ向かう道の途中でバーザルジャーンに出くわしてしまう。バーザルジャーンは羊に化けた若者を見抜き、これはどうしても殺さねばならぬと思った。若者の父をうまくいいくるめ、ついに羊を買いとってしまった。

だが若者は再びバーザルジャーンから脱出。怒った魔術師は、狼になって羊のあとを追った。若者が一本の針になって地面にもぐると、術師はふるいになって土をふるい分けはじめた。若者が鳩になって空に飛び立つと、術師は鷹になってこれを追った。そこで若者はザクロの実に姿を変え、ザクロの木の枝にぶらさがった。冬だというのにザクロがなっているのを見て、庭師はびっくり、王さまにさしあげてほうびをいただこうと王宮に急いだ。王はたいへん喜び、庭師に手厚いほうびを与えた。

このときバーザルジャーンは托鉢僧に身を変えて王宮に現れ、コーランの章句を唱えた。王は言う。

「何でものぞみのものを言え」

「それでは申しあげますが、王さまお持ちのそのザクロを」

「これは天下の珍品ぞ。ええい、乞食坊主のぶんざいで」

王は怒り、思わずザクロを床に投げつけた。ザクロは割れ、真っ赤な実は四方に散らばった。バーザルジャーンはオンドリになって、ザクロの種をついばんでは口に入れた。ところが若者の魂が入った種は玉座の下に転がっており、オンドリに食べられずに済んだ。難を逃れた若者は狐になり、オンドリののどに跳びつく。オンドリは身の危険を悟ってバーザルジャーンの姿に戻り、狐は一人の若者になった。

王は驚きあきれた。

「はて、これはなんたること」

「されば陛下、私はかの芝刈りの若者でございます。首尾よく術を習い覚えまして、バーザルジャーン師をここへ連れてまいりました」

そこで王はすっかり感心し、約束通り若者を姫とめあわせた。バーザルジャーン師もゆるされ、誰もが幸せになった。

変身術の達人はここまでやるのだ。両者目まぐるしく姿を変えるさまは、中国の『西遊記』をほうふつとさせる。だが、こうした術はどこからおこったものか。バーザルジャーンの師の師のそのまた師匠をたどれば、それはどこにいきつくのか。

それはどうやらジンらしい。ジンやグールは変身を得意とする。その秘密のいくばくかを、人間にも分け与えたものらしいのだ。

魔術の出どころ

一口に魔法使いといっても、よい魔法使いとわるい魔法使いがいる。十世紀の百科全書「フィフリスト」によれば、魔術には如法《にょほう》の（イスラムの教えにかなった）ものと不如法の（教えにかなわない）もの、よい魔術とわるい魔術があるが、どちらもジンを使役する点は同じだという。

よい魔法使いは神をあがめ神に従い、この世の快楽を離れて過ごし、アッラーの御名においてジンに命令する。ジンは信仰ゆえに喜んで従うこともあり、アッラーの御名を畏れてやむなく従うこともある。

よい魔術の伝統はスライマーンにさかのぼる。彼は人間の身でありながら、この世ではじめてジンを従え、自在に使役した。しかし人はこれをねたんで左道よ妖術よといった。実のところ、スライマーンの術と妖術は出どころが違ったのだが。

一方、悪い魔法使いはジンや悪魔を喜ばせるため、捧げものをしたり、神の掟を破ったりする。血を流す、近親と結婚するなど。

彼らの魔術は、もとはバビロンの二天使、ハールートとマールート（九十一ページ参照）にさかのぼる。大昔の悪魔や妖術師どもはこの二天使から術をさずかったが、これが地上における妖術のおこりで、以来、妖術は野火のように世界にひろがった。

しかし、今わるい魔術の総元締めをやっているのはイブリースの娘、水上の玉座に座するバイザクだという。妖術を会得しようとする者が獣や人間を生け贄《にえ》に捧げ、神の定めた法を忘れてしまえば、そのとき彼は玉座のもとに連れゆかれ、彼女から魔術を習うことができる。ある妖術師は語って言った。

「私は夢のなかで彼女が玉座にあるのを見た、覚めて目のあたりに見るがごとくに。彼女のまわりには多くの妖術師がおり、みな裸足で、かかとが二つに割れていた」

そうして彼女の命令のもと、悪魔《シャイターン》どもは天宮の言葉を盗み聞き、偉大な力のかけらを盗み出しにいく。悪魔ほどは悪くないジンも、好奇心にかられていっしょに盗み聞きにいく。そうして天宮の言葉をもれ聞いたあとは、聞いたことに自分につごうのいい嘘を交えて人々に伝える。人はこれを聞いて妖術使いとなるのであり、また巫《カーヒン》の託宣も悪魔やジンの言葉を伝えるものだという。

この盗み聞きする連中を迎え討つのが、天使たちの投げる流星の矢弾である。ムハンマドの生まれたときはおびただしい流星が天を飾ったというから、よほどたくさんなジンや悪魔がムハンマドの運命を聞きたがり、そして撃墜されたものと思われる。

ムハンマドによれば、最近（つまり彼の時代）は天宮の警護がきびしくなり、ジンや悪魔も天の思惑をはかりかねているという。だがムハンマドの死後、天宮の警護はやはりゆるんだらしく、世に妖術の種はつきない。
これが魔術のおこりである。

錬金術

いずれにせよ、魔術といえば変身・変化・変成だとする考えはひろく受け入れられた。そこで変化変成によって金銀を生み出すという考えも同様に受け入れられた。これが錬金術である。

錬金術の歴史は古い。中国でもギリシア・ローマでも、紀元前からすでに行われている。中国では四世紀はじめに葛洪《かっこう》という人が『抱朴子《ほうぼくし》』を著した。そこには非金属を金銀に変える方法や、金属を用いて霊薬を調合する方法が書かれていた。『抱朴子』本来の目的は、不死の霊薬「丹」を調合することだが、この「丹」には鉛などを金に変える触媒作用もあるというのであった。

一方のギリシア・ローマでは、錬金術は特にエジプトの産物と考えられた。実際に古くからエジプトで行われていたのか、単にギリシア人・ローマ人が異国に対するあこがれや偏見のせいで「錬金術はエジプトのもの」と決めつけてしまったのかは定かでない。ともあれ、こちらの錬金術の目的は、当初はもっぱら金・銀・紫（当時、紫は一部の希少な巻き貝からしか取れず、王者の色として珍重された）をつくることで、中国よりもいくぶん

即物的だった。
中国と地中海、二つの錬金術のどちらか一方が元祖だったのか、偶然別々に生まれたのかははっきりしない。いずれにせよ、イスラム圏の錬金術はその双方の影響を受けたようだ。アラビア語で錬金術のことをアル・キーミヤアというが、この語源については三つの説がある。
①エジプトの別名ケム（黒土の地）からきた。
②ギリシア語のキメイア（金属溶融法）からきた。
③中国語のキム（「金」の広東音）からきた。
どれも説得力があるが、②の説がもっとも有力である。イスラムの錬

金術の内容には中国の影響も強くみられるが、外見の部分……つまり人名や表向きの由来はギリシアのものが多いからだ。イスラム圏にはじめて錬金術をもたらしたのも、伝説によれば、アレキサンドリアのマリアノスという学者であったという。

では、マリアノス以後の錬金術師の伝を、年代順に追っていこう。


ハーリド・イブン・ヤジード（?〜七〇七?）

アラビア錬金術の祖とされる人物。ウマイヤ朝の王子。

王子はすべて王になるとは限らないが、彼もまた一生王子のままだった。血筋からいえば直系中の直系なのだが、カリフであった兄が死んだ際、彼はまだ幼かったので、縁者のマルワーンがあとつぎになり、ハーリド王子はカリフになりそこねたのである。そのためか学問に志し、アレキサンドリアのマリアノスという学者から錬金術を学んだのだという。これはあくまでも伝説だが、アラビアの学問はよろず外来ではじまったことがわかる。

ジャアファル・アッ・サーディク（六九九?〜七六五）
シーア派第六代のイマーム。学者肌の温厚な人物で、ムハンマドや過去の偉人の言行に詳しく、大変な物知りだった。
生涯、目立つことは何一つしなかったが、実はそれこそ、常人にはなかなかできないことだった。

というのも、彼の時代はウマイヤ朝とアッバース朝の交代期にあたり、いわば危機の時代だった。各地で無数のシーア派の反乱がおこり、アッバース朝はこれを利用してウマイヤ朝を潰したのち、シーア派の運動を次々と圧殺していった。

そんななかで、彼は政治運動にかつぎ出されそうになるのを断ってもっぱら学問にいそしみ、スンニ派の人々とも親しくつきあった。ある意味、彼は自分とシーア派が生き残るために最善の選択をしたのである。

後世、彼はアリー、ハサン、フサインに次いで有名なイマームとなり、さまざまな伝説が生まれた。

一説によれば彼は危機を予見するのに優れており、自ら子牛の皮に予言を書きつらねて一冊の予言書とした。彼は「見る」魔術の使い手だったというのである。

また一説によれば彼は「変える」魔術の使い手でもあり、錬金術をよくした。名高いジャービルも彼の弟子だったという。

ジャービル・イブン・ハイヤーン（八世紀？）

謎の人物。ジャアファルの錬金術の弟子で、七七六年ごろクーファにいたという。シーア派ではなく、それどころかイスラム教徒でもなかったが、心のひろいジャアファルは彼を喜んで迎えた。ジャービルもまた師を尊敬し、よく「私は師匠の説明屋にすぎん」と言っていたという。それだけで、詳しいことは何もわからない。シーア派の記録によればジャアファルの弟子のなかにジャービルの名は見えないので、わけあって偽名を使っていたか、実在しなかった可能性すらある。

　しかし、ジャービルの書いたという書物はたいへん科学的で立派なもので、硫化物から砒素やアンチモニーを分離するやりかた、金属の精錬、鋼の製法、染料のつくりかた……等が詳しく書かれている。また、当時知られていた六つの金属について「それらの違いは水銀と硫黄の割合による」と説いてある。[*二]

　さらに、彼については一つの逸話がある。十世紀にクーファで道路工事の際、彼の実験室が地中から発見された。そこには大量のモルタルと水銀に混じって、大きな金の塊が見つかったというのである。

　もとより伝説だが、伝説が生まれるには相応の理由がある。十世紀というのは、西アジアに深刻な銀ききんがおきた時代なのだ。理由は三つある。

・銀自体の枯渇。九世紀の銀の発掘量は異様なもので、八〇〇年にアッバース朝のカリフのもとに集められただけで、一五〇〇年の銀の推定世界総生産額の二十五倍におよんだという。要は掘り過ぎたのである。
・銀の精錬に使う森林資源の枯渇。

・サーマン朝の成立。九世紀末、銀の大産地マーワランナフル（西トルキスタン）の支配権を握って独立したサーマン朝はインドとの貿易を強化し、バグダードと別の経済圏をつくり出そうとした。こうしてバグダードには銀が流れ込まなくなった。

貴金属が掘り出せないならば、それをつくれないか。こうして十世紀、錬金術は大盛況を迎える。そんななか、ジャービルの名声は次第に高まっていった。そしてジャービルの衣鉢を継ぐ第一人者とみなされたのが、ラージーという男であった。

アッ・ラージー（八六四～九二五？ 九三五？）

ペルシア人。耳がよく、琵琶《ウード》を奏するのがたいそう巧みだったが、目は悪かった。化学実験のためか目[*二]を痛めてしまい、それを治すためバグダードへ上京した。この上京が縁となってバグダードの碩学《せきがく》たちと交わり、彼の学問は大いに進んだ。

哲学、医学、錬金術に通じ、錬金術ではイクシール説を説いた。イクシールとは万病を治す霊薬であるとともに、卑金属にふりかけると、金属の病を治してこれを金銀に変えるというもの。後世ヨーロッパではアル・イクシールがなまってエリクシルなどと呼ばれた。

また、実際に人々の眼前で黄金をつくって見せたともいう。惜しいかな、この黄金は時間が経つと錆びはじめるという欠点があり「錆びつく黄金」といわれた。これはオルモル（銅、錫、亜鉛の合金）かアンチベック（銅と亜鉛の合金）だったろうという人もいる。

また、鉱物の分類を進め、それを医学に応用しようとした。それまでは薬といえばもっぱら動植物性のものだったが、鉱物性の薬をも使おうというのである。のちにヨーロッパでパラケルスス[*三]という医師・錬金術師がこれと同じことをくわだてる。

アル・イラーキー（十三世紀）

ペルシアの錬金術師。その生涯については定かでないが、錬金術の精神面を重視したことで名高い。

古来、錬金術には二面がある。一つは実際に金銀を生むこと。もう一つは、金を練ると同時に人間を練り、物質を純化すると同時に魂を純化して神に近づくことである。

中国の錬金術は後者を重視した。地中海世界の錬金術も、はじめは前者が主だったが、ヘルメス・トリスメギストス（神に近い伝説の人物。ギリシア、エジプトなど三つの宗教の知識神の融合したものともいう）の伝説などが登場するにおよび、後者の色あいが強くなった。

イスラムの錬金術では、ラージーはオカルトと象徴主義を廃し、もっぱら実利一点張りで物質的錬金術を推し進めた人間だった。だがイラーキーは錬金術を神に起源をもつものと考え、精神面を強調した。人間の外でものが変成するように、人間のなかでも魂が純化してゆかねばならない。

この考えはのちにイスラム神秘主義のなかにとり入れられ、大きな影響を及ぼした。

イスラム神秘主義。それは一般のイスラム教の形式主義を廃し、没我と陶酔のなかに神と一体化しようとする思想である。この奥義をきわめた人々は、どんな魔術師や錬金術師よりも偉大な奇跡をなしとげる。彼らの使うのが「祈る」魔術である。

＊一　ここでいう水銀と硫黄というのは、必ずしもHgとSのことではない。「錬金術的な水銀と錬金術的な硫黄」という意味である。「液体と、可燃性でない粉」という程度に読みかえてよい。

＊二　古来、西アジアでは日ざしの強い風土下でよく眼病がはやり、目の治療が発達した。イスラムは人間の解剖を嫌ったので医者たちは猿を解剖するしかなく、外科医学は内科ほど発達しなかったが、眼科だけは別だった。

＊三　パラケルスス（一四九三?～一五四一）。ヨーロッパで錬金術師の代名詞とされる人物。本名はTheophrastus Philippus Aureolus Bombastus von Hohenheim という長いもので、なんと通り名よりいかがわしい。もとは大学教授だったが、人格とげとげしく、当時医学の主流だったギリシアやアラブの医学書を批判してすべて燃やしてしまったので、大学をクビになった。以後は流浪の生涯を送ったのち、原因不明の奇病で死んだ。

祈る
―聖者の奇跡―

イスラム教に僧侶はいないといわれる。これは半分正しく、半分間違っている。たしかにイスラムに教会はなく、特権階級としての僧侶はいない。ムハンマドが僧侶階級の生まれることを危惧し、きびしく戒《いまし》めたからである。

しかし世間の虚飾を離れ、修行と瞑想によって神に近づこうとする人々はいる。彼らは神秘主義者《スーフィー》、托鉢僧《デルウィーシュ》、貧者《ファキール》などと呼ばれ、なかでも徳高い者は聖者《ワリー》と呼ばれて崇められる。

聖者は民衆の願いを神にとりつぎ、人々を助けることができるという。だから人々は聖者の墓に詣で、神へのとりなしを頼む。こうした習わしはコーランに反するというので、法学者には嫌われるが、民間では今なお聖者崇拝が強い。

聖者の特質はそれだけではない。彼らは無数の奇跡を行う。人の心をよみ、百里の先を見通し、水上を地上のように歩む。

なぜそんな不思議なことができるのか。それにはまず、神秘主義者《スーフィー》と神秘主義《タサッウフ》とは何かを話さねばならない。

イスラム神秘主義

神秘主義者《スーフィー》とは先に述べたように、修行、托鉢、瞑想を通じて神に近づこうとする人々である。語源については諸説ある。

①アラビア語の「サファー（純粋）」から派生した。

②ギリシア語の「ソフォス（神を知る者）」から派生した。

③アラビア語の「スーフ（羊毛）」から派生した。現世の虚飾を捨て、そまつな羊毛の衣を着るからである。

　③がもっとも有力だが、一部のスーフィーは「何[*一]か他の言葉から派生したというには、この語はあまりに崇高であるという」。

　はじめのうち、神秘主義者はもっぱら苦行、禁欲、清貧を重んじた。しかし、やがて禁欲は神にいたる長い道の最初の一歩に過ぎないと思うようになった。

　人は生まれる前は神とともにあるが、この世に生まれるとき、神と引き離される。それゆえに人は泣きながら生まれる。何かを失ったことを知って泣くのである。

　この状態を脱却し、再び神と一つになること、これが神秘主義者の目的である。そのために彼らは、あるいはひたすら神の御名を唱えつづけ、あるいは静かに瞑想にふけり、あるいは音楽と舞踏の陶酔を通じて神に近づこうとする。そして最終的には自分を滅却し、ただ神のみが存在する境地にいたるという。

こんな逸話がある。

十世紀のこと、バグダードの都にハッラージという聖者がいた。徳高く、優しく、誰からも愛された。ある日のこと、彼は都大路に出て大音声で叫んだ。

「我は神なり」

彼はたちどころに捕縛された。法官は言う。

「あなたともあろうお人が、これは何という狂気のさた。お言葉を撤回して下さい。さもなくば、お首を斬らねばなりません」

「我は神なり」

彼は首を斬られた。斬られた首は転がりながら「我は神なり」と叫んだ。そこで人々は首と胴を焼いて灰にし（アラビア語では火と地獄というのは同じ単語で、火葬は最大の恥辱とされる）、チグリス河にばらまいた。すると流れる水のうえに、灰が「我は神なり」と文字を書いたという。

一見して、これはとんでもない冒瀆の話に見える。だが神秘主義者たちによれば、これこそ謙虚のきわみだという。「我は神の僕」という人は己と神、二つの存在を認めている。だが道をきわめた人にとっては、すでに己はなく、神のみがある。それゆえにハッラージは「我は神なり」と言ったのだという。

この境地に達した人間には、あらゆることが可能である。これまでにとりあげた魔術など児戯に等しい。

見る、祓う、変える

彼らは見る。

ある聖者が門弟に囲まれて座っていたとき、門弟の一人、ふと羊の頭の丸焼きが食べたいと思った。すると師はたちどころに言った。

「この男に羊の頭の丸焼きを」

門弟たちは驚いて言う。

「先生、どうしてわかりました。この男が羊の頭の丸焼きを欲しがっていることが」

「ほかでもない、この三十年、わしは欲がおこったことがない。そこへ突然羊の頭の丸焼きが、ありありと脳裏に浮かんできた。そこで『ははあ、これはあの者の欲望だな』とわかったのだ」


彼らは祓う。

ある聖者はいつも足を組んで瞑想し、目は常に自分のへその上を見ていた。このような修行をしている人にシャイターンが近づくと、シャイターンはてんかんの発作に襲われる。それはあたかも、ジンやシャイターンが人にとり憑こうとするとき、その人におきるのとそっくりであるという。


彼らは変える。

モスルの町に一人の聖者がいた。町の法官は彼を憎むべき異端者と考え、つかまえて処罰しようとした。すると聖者はたちまちクルド人になり、さらに近づくと沙漠のベドウィンになり、さらに近づくと神学博士の衣装をまとって「おお法官よ、おまえは一体だれを処罰しようというのだね」と言った。法官は敵意を悔い、聖者の弟子となった。

それ以上

そして、彼らはそれ以上のことをする。ときとして無から有を生み、飢えた人々の前に食物をとり出すことすら行う。

われわれの目からすれば、それは奇跡である。しかし聖者自身は「それは奇跡でもなんでもない」と言う。

宇宙は瞬間ごとにつくられている。万物は一瞬一瞬に神の手によって滅ぼされ、また再生される。だから神にとって、天地創造は天地の維持と同じだけの労力しかかからなかった。いつもの創造の手順を無視して、一瞬前には何もなかったところに食物を創造するのも、別にふだんと労力は変わらない。だから聖者は言う。

「わしは神様にとりなしを願っただけだ。こんなものは奇跡でもなんでもない。奇跡というなら、ほんとうは、この世のすべてが奇跡なのだ」

この境地に達した人々は、真に恐るべきものである。たとえばペルシアの聖人バーヤジードは、神と合一した陶酔のなかで思わず「我は神なり」と口走った。彼は我に返ってから、自分が叫んだ冒瀆の言葉を知り、弟子たちに「万一私がまたそのような罪を犯したなら、短刀で私を刺し殺すように」と命じた。だが再び陶酔に入ると、狂気の嵐は彼の理性を奪い去り、彼は前にも増して冒瀆の言葉を吐いた。

「天地に神を求むれども、神はわが衣の下にあり」
弟子たちは恐怖に駆られ、師の体に短刀を刺した。だが打ちおろす刃は跳ね返され、打つ者を傷つけた。霊的賜物を有する人に刀は通用せず、弟子たちが切られ、血の海に溺れた。

さらに、聖者アブー・ハサン・フルカーニーという男がいた。この男の話はあまりに面白いので、長文になるが引用する。

「旅[*二]に出発する人々が、旅行中災難から身を守ってくれるお祈りの言葉を教えてくれるようフルカーニーに懇願した。彼は、『もし危難がふりかかってきたら、私の名を唱えなさい』と言った。この答えに彼らは不満だったが、彼らは出発し、その途上で盗賊に襲われた。一行の一人が聖者の名を唱えると、たちまち見えなくなったので盗賊たちはびっくり仰天した。そして彼らには彼の駱駝も商品の荷も消えて見えなかった。しかし、他の一行の人々は衣類も商品も身ぐるみはがされた。帰宅して彼らは、師にその不思議を説明してくれるようにと申し出た。そして、『私たちは皆神に呼びかけたが駄目でした。しかし、あなたに呼びかけた人は盗賊の眼前で姿を消したのです』と言った。師は、『あなた方は神をただ形式的に呼びかけただけだが、私は神に本当に呼びかけるのです。そこで、あなた方が私に呼びかければ、私はあなた方のために神に呼びかけ、あなた方の祈りはかなえられるのです。だから神に形式的に呼びかけても無駄です』と言った。」

「ある晩、祈禱中に声がして、『やあ、アブー＝ハサンよ。人々が汝を石打ちによって殺すように、私が汝について知っていることを彼らに告げてよいか』と言うのを聞いた。彼は答えていった、『おお、主なる神よ。あなたは私があなたの慈悲について知っていること、あなたの恩寵について感じていることを人々に告げ、その結果誰もあなたを二度と祈禱しなくなるのをお望みなのですか』と。その声は、『汝の秘密を守れ。そうすれば私も汝の秘密を守ろう』と答えた。」

おわりに

聖者の示す奇跡というのは、実に驚くべきものである。

ただし神秘主義の目的は奇跡ではなく、あくまでも自分を高めて神と一つになることにあり、神秘主義者が奇跡そのものを修行の目的とするのは一般に邪道とされていた。奇跡を行っておきながら、自分のしたことにまるで気づかない聖者も多かったという。

「誰か[*三]が、ここからメッカの聖所まで、仮に一日で、いや一瞬にしていってしまったとしても、それはさして不思議なことでもないし奇跡でもない。それしきの奇跡なら砂漠に吹き荒ぶ熱風だってやっている。風は一日で、一瞬で、どんなところへでも吹いてゆく。

本当に奇跡と言えるのは、人が卑《ひく》い段階から高い段階に昇らされるということだ」

思慮深いこの言葉で、魔法に関する項を閉じ、そして一日と三夜に渡った本書を閉じたいと思う。

＊一　『イメージの博物誌16 スーフィー』ラレ・バフティヤル著、平凡社。
＊二　『イスラムの神秘主義』ニコルソン著、平凡社ライブラリー。
＊三　『ルーミー語録』井筒俊彦訳、岩波書店。

付録

●イスラム史年表
●索引
●参考文献

イスラム史年表

前十五世紀	このころ拝火教成立	
前十一世紀	ダビデ、イスラエルの王座につく	
前十一〜十世紀	【このころルクマーン、ダビデに仕える】	
前十世紀	ソロモン、イスラエルの王座につく	
前六世紀	ゾロアスター、拝火教を改革。アケメネス朝ペルシア、全オリエントを統一	
前六世紀	このころイソップ活躍【一説ではルクマーンと同一人物】	
前五世紀	インドに仏教成立	
前五世紀	中国に儒教成立	
前五世紀	ギリシアでアテネ全盛	
前四世紀	アレクサンドロスの大征服【一説では前六十世紀】	
前四世紀	インドにマウリヤ朝成立	
前三世紀	秦、中国を統一するも短期で滅亡。漢帝国の成立	
前一世紀	ローマ、地中海世界を統一	
一世紀	ナザレのイエス、パレスチナで法を説く。キリスト教の成立	
二世紀	クシャーナ朝、中央アジア・西北インドを支配し繁栄	
三世紀前半	【アル・アスマイー誕生】	
三世紀	中国で後漢滅亡。三国鼎立時代ののち晋が中国を統一	
三九五年	ローマ帝国、東西に分裂	
四世紀	大和朝廷、日本を統一	
四世紀	インドにグプタ朝成立	
四七六年	西ローマ帝国滅亡	
五世紀後半	クライシュ族、メッカに定住	

無明時代	六世紀	【アンタル生まれる】
無明時代	六世紀	【アンタル、ササン朝ペルシアのホスロー一世と会す】
無明時代	六世紀	インドでグプタ朝滅亡
無明時代	六世紀後半	ハーティム・アッ・ターイー、このころ詩人・武人として活躍
無明時代	五七〇年ごろ	ムハンマド、メッカに誕生
無明時代	六～七世紀	ササン朝ペルシアとビザンチン（東ローマ）帝国、大いに戦う
無明時代	五九三年	日本で聖徳太子、摂政となる
無明時代	七世紀	【アンタル、ビザンツの皇子ヘラクリウスとともにスペインを略奪】
ムハンマド時代	六一〇年	ムハンマド、はじめて天啓をうける（召命）
ムハンマド時代	六一八年	中国で隋滅び唐建国
ムハンマド時代	六二二年	ムハンマド、大商人たちの迫害をのがれメディナへ（ヒジュラ）
ムハンマド時代	六二七～六四九年	唐の全盛（貞観の治）
ムハンマド時代	六三〇年	ムハンマド、メッカに入城
ムハンマド時代	七世紀	【このころアンタル死亡】
正統カリフ時代	六三二年	ムハンマド没。アブー・バクル、初代カリフとなる
正統カリフ時代	六三四年	アブー・バクル没。ウマル即位
正統カリフ時代	六三六～六四二年	イスラム軍、シリア、エジプト、イラク、イランを征服
正統カリフ時代	六四四年	ウマル暗殺。ウスマーン即位
正統カリフ時代	六四五年	日本で大化の改新
正統カリフ時代	六四七年	インドでヴァルダナ朝のハルシャ・ヴァルダナ没。以後、インドは数世紀にわたる分裂期に
正統カリフ時代	六五六年	ウスマーン殺される。アリー即位
正統カリフ時代	六五七年	アリーとムアーウィア、シッフィーンに戦う。アル・アシュタルら、アリーのもとを離れハーリジ（分離）派と呼ばれる

六六〇年	ムアーウィア、カリフを名乗る
六六一年	アリー、ハーリジ派に暗殺される。ウマイヤ朝の成立
六八〇年	アリーの子フサイン殺される（カルバラーの惨劇）
七一〇年	日本で平城京遷都
七一一年	西ゴート国をほろぼし、イベリア半島征服
七三二年	トゥール・ポワティエ間の戦い
七五〇年	アッバース朝の成立
七六二年	バグダード建設はじまる
七八六年	ハールーン・アル・ラシード即位
七九四年	日本で平安京遷都
八〇〇年	カール大帝、西ローマ帝国を一時復興
八〇三年	ハールーン、バルマク家を滅ぼす
八〇九年	ハールーン没
八一二年	ハールーンの子アミーンとマアムーン、大いに争う。バグダード焼亡
八一三年ごろ	詩人アブー・ヌワース没
八七〇～八九〇年ごろ	【アル・アスマイー、ハールーン治下のバグダードでアンタルの物語を語る】
八七四年	ムハンマド・アル・ムンタザル（隠れイマール）神隠しにあう
九〇九年	北アフリカにシーア派のファーティマ朝成立
九六〇年	中国で宋建国
九六九年	ファーティマ朝、エジプトを征服。カイロ建設はじまる
一〇一〇年	フィルドゥスィー、『王書』を完成
十一世紀	このころからイスラム勢力、インドに浸透
一〇三八年	中央アジアにセルジューク朝成立
一〇九〇年ごろ	ハサン・サッバーハ、アラムートを根拠地としてニザール派を組織

ウマイヤ朝　アッバース朝　地方王朝の時代

一〇九二年	セルジューク朝の宰相ニザーム・アルムルク、ニザール派の刺客に暗殺される
十一世紀	西ヨーロッパで教皇権、大いに伸長
一〇九六年	第一回十字軍進発
一〇九九年	第一回十字軍、イェルサレムを占拠
十一世紀	【アンタル、第一回十字軍と戦う】
一一四八年	第二回十字軍の失敗
一一七一年	サラディン、ファーティマ朝を滅ぼしアイユーブ朝をたてる
一一八七年	ヒッティーンの戦い。サラディン、イェルサレムを奪還
一一九〇年	第三回十字軍、アッカを囲む
一一九一年	アッカ陥落。サラディン、十字軍と講和
一一九二年	日本で鎌倉幕府成立
一二〇三年	第四回十字軍、聖地回復の目的を捨てコンスタンチノープルを占領
一二一九年	チンギス・ハーンの西征はじまる
一二二七年	チンギス・ハーン没
一二五〇年	アイユーブ朝の滅亡。マムルーク朝はじまる
一二五八年	モンゴル軍、バグダードを焼く。アッバース朝の滅亡
一二六〇年	アイン・ジャールートの戦い。マムルーク朝、モンゴル軍を破る
一二七九年	中国で南宋滅亡
一二九一年	マムルーク朝、アッカを攻略。十字軍勢力、シリアから消える
地方王朝の時代	

□ イスラム世界・アラビアのできごと

■ その他のできごと

註：この【　】で囲んだ記述は伝説上のものである。

■ア■

■カ■

参考文献

アブー・ヌワース アラブ飲酒詩選／塙治夫 編訳 岩波文庫
アラビア科学の話／矢島祐利 著 岩波新書
アラビアの医術／前嶋信次 著 平凡社ライブラリー
アラビア遊牧民／本多勝一 著 朝日文庫
アラビアン・ナイト（全十八巻＋別巻）／前嶋信次、池田修 訳 平凡社東洋文庫
アラビアン・ナイトの世界／前嶋信次 著 平凡社ライブラリー
アラブの民話／イネア・ブシュナク 編 青土社
アラブの歴史（上下）／ヒッティ 著 講談社学術文庫
アラブの歴史／ルイス 著 みすず書房
イスラーム／蒲生礼一 著 岩波新書
イスラム事典／平凡社
イスラム・ネットワーク／宮崎正勝 著 講談社選書メチエ
イスラームの「英雄」サラディン／佐藤次高 著 講談社選書メチエ
イスラムの神秘主義／ニコルソン 著 平凡社ライブラリー
イメージの博物誌16 スーフィー／ラレ・バフティヤル 著 平凡社
エジプトマムルーク王朝／大原与一郎 著 近藤出版社世界史研究双書
王書／フィルドゥスィー 著 平凡社東洋文庫
コーラン（上中下）／岩波文庫
策略の書／カーワン 訳 読売新聞社
砂漠の文化／堀内勝 著 教育社歴史新書
三大陸周遊記／イブン・バットゥータ 著 角川文庫
生活の世界歴史7 イスラムの蔭に／前嶋信次 著 河出文庫
世界の英雄伝説6 アレクサンダー物語／岡田恵美子 著 筑摩書房
世界の神話5 ペルシアの神話／岡田恵美子 著 筑

摩書房
世界の戦争3 イスラムの戦争／牟田口義郎 編　講談社
世界のむかし話9 イランのむかし話／井本英一 編訳　偕成社
世界のむかし話11 モロッコのむかし話／クナッパート 編　偕成社
世界の歴史8 イスラム世界／前嶋信次 著　河出文庫
世界文学大系68 アラビア・ペルシア集／筑摩書房
世界むかし話・中近東／こだまともこ 訳　ほるぷ出版
ソビエトの民話集2 中央アジア地方の民話／新読書社
ソビエトの民話集5 コーカサス地方の民話／新読書社
ペルシア逸話集／カイ・カーウース、ニザーミー著　平凡社東洋文庫
ペルシアの神話／黒柳恒男 訳　泰流社
ペルシア文芸思潮／黒柳恒男 著　近藤出版社
マホメットとアラブ／後藤明 著　朝日文庫
マムルーク／佐藤次高 著　東京大学出版会
ルバイヤート／オマル・ハイヤーム 著　岩波文庫
ルーミー語録／井筒俊彦 訳　岩波書店
アイルランド童話集 隊を組んで歩く妖精達／イェイツ 編　岩波文庫
ヴィリエ・ド・リラダン全集 Ⅲ／東京創元社
エピソード魔法の歴史／ジェニングス 著　社会思想社現代教養文庫
金子光晴全集 第四巻／中央公論社
人工楽園／ボードレール 著　角川文庫
青春の回想／ゴーチェ 著　角川文庫
何でも見てやろう／小田実 著　講談社文庫
人間の歴史（全三巻）／イリーン、セガール 著　岩波少年文庫
薔薇十字の魔法／種村季弘 著　河出文庫
叛アメリカ史／豊浦志郎 著　ちくま文庫

The Armies of Islam 7th-11th Centuries / D.Nicolle
Osprey Publishing Ltd

Encyclopaedia Iranica Vol. Ⅰ-Ⅵ / Ed.by Ehsan
Yarshater　Routledge & Kegan Paul Press

Encyclopaedia of Islam Vol. Ⅰ-Ⅳ / E.J.Brill Press

Encyclopaedia of Islam (New Edition) Vol. Ⅰ-Ⅶ /
E.J.Brill Press

Introduction to Islamic Theology and Law /
I.Goldziher　Princeton Univ.Press

この作品は、一九九八年六月に単行本として新紀元社より刊行されました。

文庫版あとがき

文庫化にあたって、誤字脱字や細かなミスを訂正し、註釈などに一部加筆を施しました。

また、大きなところではグールのコラムを差し替えました。もとは「グールは一撃で殺さねばならぬ」という言い伝えにふれて「これはひょっとすると高温の土地で重い鎧が発達しなかったのと関係があるのではないか」という空想を述べるコラムだったのですが、その後の調べもので「いや、イスラム圏で重い鎧があまり発達していないように（ヨーロッパ人から）見えたのは、熱を防ぐために衣の『下』に鎧を着る例が多かったからだ」と知ったのです。

本書が幸いにも好評を得てこのたび新紀元文庫に収録され、訂正や修正を加える機会を得たことを、作者として喜ばしく思っています。ごく個人的には、本書中の現代に直結する部分の記述を何一つ変更する必要がなかったことに、若干の心残りがなくもないのですが。

それでは本書をどうぞお楽しみください。

桂令夫

Truth In Fantasy
イスラム幻想世界　怪物・英雄・魔術の物語

2013年9月14日　初版発行

著者　桂令夫（かつら　のりお）
編集　新紀元社編集部／堀良江

発行者　藤原健二
発行所　株式会社新紀元社
〒160-0022
東京都新宿区新宿1-9-2-3F
TEL：03-5312-4481　FAX：03-5312-4482
http://www.shinkigensha.co.jp/
郵便振替　00110-4-27618

協力　トイ・インターナショナル
カバーイラスト　丹野忍
本文イラスト　今井教達／シブヤユウジ／鈴木理華／藤井英俊
デザイン・DTP　株式会社明昌堂
印刷・製本　大日本印刷株式会社

ISBN978-4-7753-1170-7